友愛と現代社会

持続可能な社会の基底を求めて

野原敏雄 著

風媒社

はじめに

この本の原稿を書き終えたのは、二〇一一年一月中旬、そして出版社へ持ち込んだのは二月の末であった。直後の三月一一日を体験した時、冒頭の「奇妙な夢」に出てきた社会の突然の破綻は東日本大震災だったのかと、悲しくも思った。東海大地震が明日起きても不思議ではないと言われて三十年以上が経ち、毎年経験する町内会の防災訓練ですっかり体の一部となっていた知識があんな形で出たのかとも思った。東海大地震の近接地の名古屋に住む私が体験するかもしれないと、日頃恐れていた状況をはるかに超える苦しみのなかで暮らしておられる方々を涙して思いつづけ、そのなかで自分も含めて同じ状況を生き抜ける社会づくりを念ずる日々だが、この出版でそれに些少でも役立ってほしいと願っている。

本書が詳細な実話を元にして書きたかったことは、人と人とが同じ目標に向けて、暮らしのなかでつくられる信頼で深く結び合って行動する「友愛」とその仲間の大切さである。それこそが、予想をはるかに上回ったあの自然の猛威がもたらした大惨事を見事に乗り越える力の根源として、今後の社会づくりの基礎に置かれるべきものだとあらためて確信する。また、福島の原発事故はあきらかな人災だが、私自身の体験をも含めて書いた第四話の原子力発電に頼らなくてもよい暮らしづくりに向けての努力の意義も、いまさらの如く確信した。東日本大震災の悲劇に遭遇して、日本人の絆の強さがあらためて世界で賞賛されていることを誇りにしつつ、明るい協同に満ちみちた社会に向けて、一歩、十歩、百歩、千歩、そしてさらに前へと歩きつづけたい。

友愛と現代社会

持続可能な社会の基底を求めて

目次

プロローグ　奇妙な夢を見て　考えたこと

「ののぐらむ」の夢

常日頃、今の人類のくらし方のありようが変わらなければ、はたして22世紀まで人類は存続可能であろうかと、そんなことを想い、また口にもしてきたので、こんな奇妙な夢を見たのだろうか。それは超々、さらに超大型の「ののぐらむ」を解くのに悪戦苦闘している夢である。といっても、「ののぐらむ」というパズルをご存じない方も多かろうから、その説明からはじめなければ、夢の「なかみ」は語れない。

これまで、いつも何かにせかれるようにくらしてきた私には、およそ趣味などといえるものはない。あえていえば、読書と旅か。でも、教師で一生を過ごしてきたのだから、読書はむしろ仕事であり、旅といっても、地理学を教え研究もしてきた習慣で、つい仕事と関わった事柄に心がいってしまって、旅そのものを楽しむなどといったことにはならない。まったく無趣味もいいところである。

　そんな私が暇なとき、あるいは気分転換のために、パズル解きをして時を過ごすことが多い。そのいくつもの種類のパズルのなかで、これまでもっとも「はまった」のが「ののぐらむ」だった。ある全国新聞の日曜日の朝刊に、娯楽の紙面があり、そこに長らく連載されていたが、実に楽しみに溢れたパズルだった。その楽しみとは、「解けた！」という満足感に加えて、正解するとたん、魅力的な、むしろ芸術的ともいえる白黒の絵が現われてくることで、その絵に惹かれて、パズルにとりくむ毎回だった。出題者は、おそらくペンネームだろうが、「いしだのん」さんで、ののぐらむというパズル名もペンネームからのものだろう。

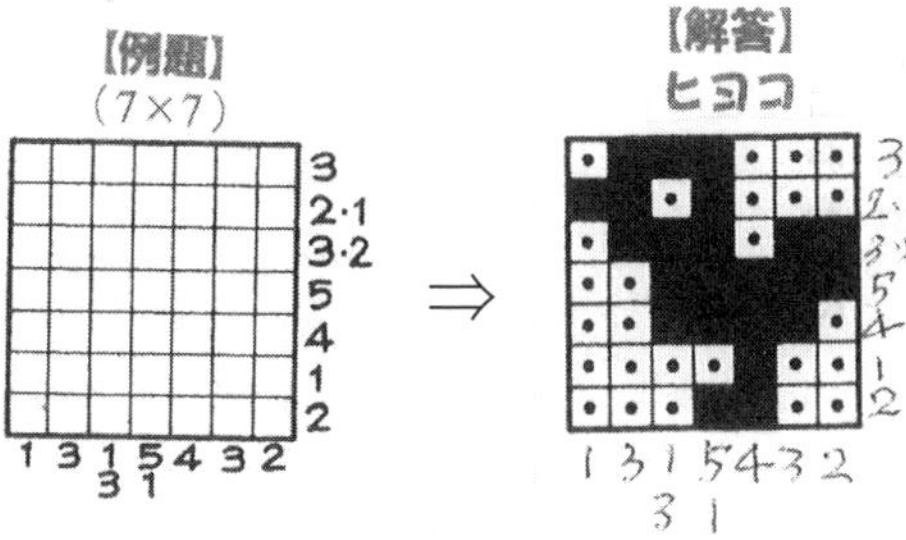

図 1-1　ののぐらむ

　外の大枠の四角形が縦・横ともにいくつかの、普通だと20から30ぐらいの小さなマスで区切られており、各行（横）列（縦）のマスのうちのいくつかを、指示に従って鉛筆で黒く塗りつぶしていって、完成するとその素敵な絵が白い紙面の中に黒く浮かんでくる。塗りつぶしマスの指示は、大枠の外側に、各行、各列ごとに数字で書かれている。毎回解き方例として載せられている図1―1をごらんいただければ、すぐ理解いただけよう。この例のようにマス数が少なければ簡単だが、マスの数が多くなるにしたがって、またマスの数の割に塗りつぶすマスの数が少ない場合には、その塗りつぶす位置を探し出すのは簡単ではない。枠外にある行・列両方の数字を見比べながら塗りつぶせるマスを探さなければならない。塗りつぶし可能なマスが巧妙に隠されているので、その解き口を見つけ出すのがたいへんで、出題者の「のんさん」がしばしば注意を喚起するように、あて推量でなく、縦・横の数字の関係だけで処理しないと解けないので、けっこう頭を働かせなければならない。そこがこのパズルの素敵なところで、左脳人間を大いにひきつけるのだが、それでいて正解すればすばらしい絵で、右脳をも大いに満足させてくれるという優れものだった。年末年始の休日が続くときには、行列のマス数が40とか50といったビッグなものもあり、大いに楽しませてもらった。

が、事情はよくわからないけれど、連載は突然終わった。推測するに、こうした魅力的なパズルに他から無責任な手が出ないわけはなく、特許などの措置があまかったのか、世上に類似しているが解答絵面にまったくの文化性、芸術性が感じられず、俗悪とさえ言いたくなるような乱暴な作品が各種のパズル誌に続々と出されるようになった。なかには、正解が複数出てくるといった非論理の俗悪のたぐいもあり、またコンピュータによる無機的作問らしき駄作ものも氾濫した。「ののぐらむ」のもつ単純だが徹底した論理操作で、芸術的ともいえる絵画を仕上げるという魅力は、無責任な商業主義で滅茶苦茶に傷つけられてしまった。「ののぐらむ」の発案者にはいっそう強くそんなことが感じられたに違いない。それに嫌気をさした作者に、さらなる妨害などがあってか、そんなことが時々暗示されるようになり、新聞連載は終わってしまった。

それからかなり経って、『数学セミナー』というきわめて専門性の高い数学雑誌の息抜きといったページで、「ののぐらむ」作者の問題がとき折り、不定期に掲載されたりしていたが、それも途絶えた頃、かって予告されていた「ビッグ集」が出版された。そして、それを解いて私と「ののぐらむ」とのつきあいは終わってしまった。目下、国際的に大流行しており、私もけっこう楽しんでいる「数独」と較べても、はるかにすばらしい魅力に満ちたパズルだった。

夢の中味は……

さて、ここで夢の中味である。夢のことだからあいまいだし、荒唐無稽でもある。が、不思議とはっきりしているいくつかの数字が妙に頭の片隅に残った。まず、マスの数がべらぼうに多い。2億である。だから縦・横のマス数は各1万4000余単位、そのためであろうか大枠の外線は見えない。2億という数字が何を意味しているかが、夢の中ながら、なぜか私にはわかっていた。「2億年後には地球の地殻を構成しているオーストラリア・プレートがどんどん

図 1-2　葛飾北斎『冨嶽三十六景 凱風快晴』

北上して日本列島を呑み込み、アジアプレートの奥深くに押し込んで、やがて地球の中心部に深く落ち込んでいく」という昔読んだプレート移動説に関しての論文に書かれていた記憶があるが、ワクはその2億年を意味するようだ。つまり人間、いや日本列島にあるすべての生物の生存可能の絶対限界年数らしい。これだけ大規模な大陸移動だから、今の5大陸の姿も、まったく変わっているにちがいない。地球が存在しえている未来悠久の無限の果てだ。だから外枠の線が見えないはずである。

　しかしなぜか、その大枠の外に書かれた塗りつぶしを指示する数字はわかっている。だから「ののぐらむ」解きのベテランの私にはおぼろげに、おおよその正解絵が浮かんでくる。どうやら、図１―２のような葛飾北斎描く赤富士のようだ。そんなイメージから枠の塗りつぶしを始めるなど、このパズルではまさに邪道だが、それは夢のこと、許して欲しい。

　最初の行の塗りつぶしマスの数は連続１００で、数字はこれ一つだけ。だからその位置が決まるはずがないのに、難なく決めたのは、やっぱり夢だ。ところでこの１００という数字はなにを表しているか？　これも夢見の私はすぐにわかった。人類がそれまでの樹上の生活から地上に下り、二本足で歩行して、両手の機能を多様化し、脳を発達させ、夫婦・子供の関係を確立し、より効率的な狩猟、採集のために集団で生活する社会関係をつくりあげるが、その集団のなかではどうしても必要になる複雑なコミュニケーション能力を発達させねばならない。それをなしとげながら、生物的な「ヒト」は社会的な「人」として、新たな類となる。それ以後数百万年の年月の間に、その人類の能力の発達はいかにも目覚しいが、しかし現代の生物学の研究によれば、ヒト遺伝子的には、十分な集団関係が保てる人数はせいぜい50から１００人、あるいは１５０ぐらいだという研究を読んだことがあった。そんなハンパな、脳の片隅に残っている知識からだろうか、最初の１００が出てきたのは、人類の基底的で原初的なくらしを支える集団の象徴的な数を意味しているんだと、私は、夢のなかで納得していた。

マス塗りの作業を進めて次々と行を下げていくと、その指示数は徐々に、しかし着実に増加し、富士山の頂上近くの急な稜線が描かれ始める。赤富士のそれは、とりわけ急斜面である。広くあいた上部の左右の余白には、いわし雲がいくつもたなびいている。鳥まで飛んでいる。後で考えれば、この鳥は北斎も描いてはいないのだが。上下左右をよく見、相互の関係をはかりながら塗りつぶすべきマスを丹念に決めていく作業は久し振りで、夢のなかとはいえ心地よかった。

さらに行が下がる、これはどうやら時代が進んでいることを意味している気分で、それにつれて、塗りつぶすマスの数はより大きく増加し、山稜は少しづつ勾配を緩やかにしながら下っていく。複雑な山襞《やまひだ》や鋭く折れ曲がった登山道もきちんと書けている。うまくいっているぞと、夢の中で満足して作業をつづけるうちに、突如として、今までにない指示数字が出てきた。前の行の倍数のマスを塗りつぶせというものだ。ここでまさか、宝永山がでてくるはずはないのに、と思いながら、突如、これは70年前のアメリカ大恐慌なんだという想いが重なって、そうだと納得して満足した。時空を越えていて、まったくの支離滅裂だが、夢の中ではそれなりにわかった。そのせいか、変だとも思わずに易々として大量のマスを塗りつぶした。そんな行がしばらく続いたが、その頃には塗りつぶしワク探しはさして苦労せず、半ば自動的に進んでいく感じだった。そしてやがて仰天の指示数字が現われた。乗数がでてきたのだ。ああ、リーマンショックだと思いながらも指示数字のとうりに作業は進む。もう自分で塗りつぶすのではなく、手をかけなくても勝手に進むのだ。制御の利かせようがわからない。つづいて2乗、そして次の2乗が見えたと思ったとたんに、塗りつぶすべきマス数はついに外枠の数をオーバーしてしまったようで、パズルは破綻した。これまでせっかく苦労して描いてきた富士山の中くらいまでの絵を浮き上がらせていた白ワクは、すべて黒に転換し、さらに漆黒の闇が拡がっていく。ああ、世界の破滅だ、と声にならない声で叫んだ。

ところが、だ。そこでまた不思議なことが起こった。最上部、最初のほうのいくつもの行の、しっかり検討して黒塗りしてあった部分だけが突如として白に転換したのである。逆に塗り残した白のマスのみが黒に転換していく。そうだ。黒い紙に、白く塗ったマスで、絵が画けるんだと気づく。そういえば、のんさんもそんな出題をときたましたんだ、ともかくすべてが無にならなくてよかった。絵を描く余地は十分に残ったんだと思いながら次第に夢は薄れ、そして、いつしかぼんやりと目覚めた。妙に数字の印象が残り、理屈っぽかった夢のいくつかを思い出しながら、いろいろ考えた。

夢の意味するものはなんだったのか

私の夢に付き合ってくださった読者は、その意味するものをどう思われるだろうか。他人のわけのわからない夢なんかにお付き合いくださる方もなかろうと思うので、自分で考えることにしよう。

「邯鄲《かんたん》の夢」の故事ではないが、夢は一瞬の間に見るといわれる。その一瞬の夢の中の最後の破綻のパニックに到る時間の短さは、「ずしん」と心に残った。たしか最後のたった三つの行でパズルは破綻した。根拠はまったくないのだが、もし一つの行を人の一世代とするならば、三世代、私からいえば孫の世代ということになる。人の生涯で、三世代のあいだ柄は、きわめて親しく、お互いの心を深く通わせあうことができる関係である。地球温暖化の危機を科学的に解明したIPCC（「気候変動に関する政府間パネル」）の警告によれば、もし50年後に地球の温度がこれまでよりも二度以上上昇したら、大気、大陸、海洋にまたがる自然界の各種の循環が大変動し、人間の居住に適した気象環境が保持できなくなり、予想もできない巨大災害が頻発し、人類の生存の危機がおとずれる確率がきわめて高いという。よく、地球が破壊されるという言葉を耳にするが、それは正確ではない。仮にそんな環境になっても、地球上でくらせる生物はいくらでもある。もし人類が存続できなくなっても、そうした生物が謳歌する地球になるだけである。人類生存可能な地球の危機というべきである。太陽が大爆発を起こすあと数十億年後までは、生物が存在するかどうかは別として、地球そのものは残り続けるだけなのだ。

現在の環境変動をもたらす諸要因が今後数十年もつづくとか、おざなりの改善の程度にとどまるならば、三代先の人類の生存、それに加えて、人類と深い関係で結ばれた動植物の存続は保障されない、「人類生存のための条件を維持する地球」は危機に直面しつつある。夢で見た、わずか三つの行というきわめて短い期間のうちに、そうした意味での地球の破滅に到ることになるぞ、という夢は、日ごろ思っている将来の人類存続についての私の危機感がそのまま現われてきたのにすぎない。夢を見て、日頃かわいがっている孫が成人としてくらす時代の地球が、こんな状況にならないような対応を、もっともっと広げなければならないと、つくづく思わざるをえなかった。

＊＊＊

だが、自分の子供の世代、いや自分たちの世代は、まだまだ大丈夫なのか、と問えば、答えはまったく「否、いな」である。自然の環境がはっきりと人類存続の危機に到る以前に、人間社会が崩壊に瀕する危機が訪れる。というより、今すでに訪れているというべきであろうか。金融資本とグローバル化した巨大資本の主導する現代の経済社会は、ヒトを人たらしめてきた「労働する」場すらきちんと保障できなくなり、人類発生を可能にした、信頼しあい協同しあう人間集団の関係をずたずたに切り裂いて、人々を孤立のなかに落とし込んでしまっている。200人をはるかに上回る百歳以上の、本来長生きを祝福さるべき高齢者が、親族を含めて社会の目から消えて、行方不明になっているというショッキングなニュースが連日報じられ、「無縁社会」という新語がマスコミを賑わした。人々がつくる社会を根底で支えるもの、そして人類の発生・存続の基本条件の崩壊が目に見えている危機を感じざるをえない。そして世界戦争という、最悪の核戦争のシナリオさえちらつく。まさに「閉塞社会」である。ここのところは、はっきり頭が働くもっと後のほうできちんと議論すべきであり、夢の話はこれくらいにとどめたい。

　ただ、もう一つだけ、あの夢で強く心に残ったことに触れておきたい。夢の中では人類社会の決定的な危機はなんとか避けられた。乗数倍というような信じられないほどの巨大な指示数字の実行によって、パズルの大枠、つまり人類生存の地球限界が突き破られ、すべてのワクの暗転がはじまり、まったく見通しのきかない暗闇が拡がっていく世界を「ぱっ」と白く転換し、未来を照らしだしてくれたものがあった、あのことである。いままで昼間の明るさの中で黒く富士山を描いていたと思っていたのに、破滅と見えたその瞬間、突如として反転し、見通しのない夜の闇の中で、指示数字にしたがってマスを白く塗り替えながら、絵を描いていけば、当のパズルは続けられるとわかったときの深い安堵感は、夢の中のこととはいえ、消しがたい記憶であった。その、反転、視角を変えるというべきか、それをもたらしたものは何だったのか、現実の中にもそれがあるのか、あるとして、いや、あってもらわねばならないのだが、それは何か。現代までの社会科学、もっと広くすべての科学も、それについての議論を多く進めているはずである。これもまたあとでしっかり検討したい。

　しかし、夢の中の話しとして、そのきっかけをつくってくれた契機は何だったか、それだけはここで確かめたい。夢見では薄ぼんやりしてはっきりしないが、暗転のきっかけをつくってくれたところは、行の塗りつぶし作業が、吟味された指示数字にしたがってじっくり考え、しっかりと自分で検討し、慎重にマス塗りをやっていたところである。「おかしい、違っていないか」など、いきつ戻りつで、まわりを考えながらきちんと自分で判断して作業していた気がする。夢から覚めて思い返せば、関係する数字をすべてしっかり確認する、つまり周りにいる人々の仲間関係が、しっかりと存在し、お互い強く影響しあっているなかで塗りつぶし作業がなされていたような印象が残っていた。

あるいは、それは比較的少人数の共同社会のことだったのだろうか。そうならば、狩猟・採集で生きていた原始の時代、小規模で自給自足の農耕でくらしていた時代のことではないのか。それを現代社会の危機を乗り越えるために再興しようというのでは、アナクロニズムもいいところである。だが、なにも時代を遡る必要はない。これまで数万年のながい歴史のなかで人間社会をつくりあげてきた人々の仲間関係や労働、文化などの基底諸力がしっかりと存在している事例は、今、この現代でいくらでも見いだせるのではないか。そう考えて、これまで私がじかに関わってきたいくつもの仲間集団を思いかえしてみた。そしてすぐ、第一部で紹介する四つのケースが頭に浮かんだ。

現代の、人類生存そのものの基底条件たる地球環境すら崩壊させかねない社会の状況をもたらしているのはなにか。それは、社会のうちにありあまる飽満と欠乏・飢餓という、とてつもない格差をつくりだしながら、トータルでは人のくらしに必要とされる消費力をはるかに超える生産力をもてあまし、それが生産・消費に直接かかわらない金融投機にあつめられ、貨幣という消費の限界を知らない無限に増大しうる利益を求めてグローバルに動き回ることでくらしの困難を助長させている現代の経済社会のしくみにほかならない。生産力の増大が人びとのくらしの向上につながった時代もたしかにあった。夢で富士山の山稜がうまく描けていたのはそんなときであったのだろうか。しかし、あの馬鹿げた指示数字がでてくるような、つまり巨大金融資本が跳梁跋扈《ちょうりょうばっこ》している社会という危機的な現代では、あらためて、深く、じっくりと人類の存続を可能にする社会のあり方を考える必要がある。

こうした現代社会の根本矛盾を、暗黙裡に、あるいは顕在的に批判・告発しながら、しかし、その矛盾をはねとばす力をもった人と人の関係を着実に維持しつづけている存在感のある「仲間集団」（アソシエイションといってもいい）のもつ力、夢でいえば破滅の中で作業を暗転させてくれたあの力を、私たちのまわりの現実の中に見つけなければならない。その存在の具体的ありようとそれをはぐくむ基盤をつぶさに観察し、持続を可能にしていける要件をくらしの基本理念に照らしつつ明らかにし、そこに注目して、それを今の過剰に巨大化した社会の中に根づかせ、成長させつつ社会のしくみのなかに組み込み、危機を回避させていく努力が強く求められているのである。

幸い私は、これまでの人生経験のうちで、そうした存在感をもちえている「仲間集団」関係が確実に持続しえているると思えるいくつかのグループと、かかわりをもつ機会に恵まれてきた。それらグループとの親愛の関係をもちつつ、しかも外からやや観察者として眺められる位置にいることが多々あった。それらの仲間集団が存在しつづけるうえで、理念と現実のハザマでのさまざまな軋轢《あつれき》、困難があることは当然だが、それをのりこえて存続しつづける根元はなにかを確かめることは、通常ありきたりの調査・レポートではさほど簡単ではない。しかし、顔見知りの間柄のゆえに、私は良きにつけ悪きにつけ、じっくりと、ある程度のプライベイトごとにまで立ち入って、深く観察することが許された。貴重な記録も手にしえた。以下の第1部の四つの話題でそれらのありようを、重要と思われる部分についてできるかぎり深く具体的に示すことをつうじて、根本的な基底になにがあるかを探っていきたい。そして第2部で、私の長年の研究テーマであった現代社会に必要な「地域」にもいくらか関わらせながら、「仲間集団」の現代社会的な意味づけとその基底の性格づけを試みたい。

奇妙な夢は、いつしか、その夢の中で暗示的に示されていた人類存続の危機、人間の尊厳の崩壊をがっちりと食い止めてくれる力を、自分の周りの実社会の中で探るための「聞き取りと思索」のための調査をはじめる出発となった。多かれ少なかれかかわりをもっている人たちとの時間はけっこう楽しいものだった。その四つの物語の叙述のうち、読者は容易に気づかれるように、最初の三つの話題と四つめのそれは叙述の仕方も含めて中味のトーンが違っている。

前者は課題をポジティブに考察するために、そして後者はややネガティブなものを含んで検証されている。私の意図としては、前者にあって後者にないものを検討してえた事柄を、最後の部分でやや「学問的」に論じるという構成をとった。実をいえば、「学問的」といっても、でてきた結論はいかにも簡単、平凡なものだった。問題は、なんらかの社会的危機の問題に立ち向かうそれぞれの集団に、日常ふだんの仕事やくらし全般、だから、遊び・文化も含めて感性的に共感しあう仲間の関係、それがもたらす信頼にもとづく「友愛関係」があるかどうかがポイントだということであり、また「友愛関係」を確たるものとして持続させる基底は、友愛の関係を広く外部に開きながら相互交流してつくりだす「地域文化（Local cultivé）」に根ざしているということであった。「真理は単純で平凡のなかにある」と、よく聞く言葉どおりの帰結である。

しかし、その単純、平凡は意外により深く、かつ広い社会思想につながるものである。第2部のはじめで引き出されたキーワードは、日本語ではやや生硬な「友愛」、フランス語でいえば、「フラタニテ」である。「利他主義」、もっと日本人になじんでいる言葉でいえば、「絆《きずな》」と同じ意味をもったフランス語だ。自由、平等とならんで友愛はフランス革命以来、近代の人権宣言や憲法で、生来もつ人の基本的権利とされてきたうちの一つである。短期間に消えてしまいそうな最近の日本の一政治家の口から出たかなり曖昧な政治概念とはまったく違う。「二月革命」後の1848年11月発効のフランス憲法は、「フランス共和国は、自由、平等、友愛を原理としてもつ」と明瞭に宣言した。こうして宣言された人権思想は、日本国憲法にも人類普遍の原理として、根底をなしていることは間違いない。

実をいえば、私にとってこの「友愛」は、ここ20年ほどの間、「地理学」という自分の狭い専門研究課題以外の大事な思索テーマであった。私がそれをあらためて認識したのは、さして古いことではない。1989年の7月、「フランス革命二百年祭」で沸き立っていたパリを訪問した愛知の平和団体グループの人数合わせの一人に加わっての旅をした。そのなかに、当時衆議院議員であったTさんがいたために、観光を主目的としていた日程のなかで、若干の公式行事も組まれていた。私が参加したのは、パリ郊外のラ・セーヌ・イブリ市の歓迎晩餐会であったが、ナチ占領下のレジスタンス運動で有名なこのまちの市庁舎の正面入口に、リベルテ、エガリテ、フラタニテの文字が誇らしげに高く掲げられているのを目にして、改めてその意味の重さに心打たれた。型どおりの行事がすんで、晩餐の場に、かつてレジスタンス運動にも加わったことのある中高年の人たちも加わった。たまたま私の近くに座った中年男性と、カタコトのフランス語交じりの英語で、ゆっくりと話をした。彼はまだ少年時代、ナチに追及されていた親友のユダヤ人少年をかくまった経験があるとのことで、そのときの気持ちを聞いた私に、彼は「昨日までずっと仲良くいっしょに遊んでいたんだから、そうするのは当たり前、自然のこと」と、深く考えるふうでもなくすらすらと答えた。その仲良し関係を「フラタニテ」と表現するのを聞いて、それまではどこか抽象的で、日常縁遠く、高くに掲げられるだけだったその言葉が、生きいきと日常ふだんのものなのだと、はじめて気づいた。

それ以後、フランス人権宣言の三つの標語のうちの「友愛」についてとりわけの関心をもつようになった。が、「自由」「平等」ほどに「友愛」が論じられていないことをあらためて知ることにもなった。だから、なぜ「友愛」が市民社会の中で自由や平等とならんで人権として掲げられたのか、その根底深くまではずっと理解できず、また19世紀の社会思想や協同組合運動のなかでてくる「博愛」も自由・平等ほどには深いものとして感じられなかった。それで、協同組合運動のなかで、「友愛」がどう扱われてきたのかを思索しつづけた。

長年勤めた大学の定年後、「地域と協同の研究センター」という、東海の四つの地域生協が中心になって立ち上げた団体のなかで、センター長という場をいただき、そのことから日本生協連の研究機関として設立された「生協総合研究所」にも理事として参画できる機会をえて、諸先学と交流もでき、「協同組合、生活協同組合」の理論と実践に貢献せねばならない立場にありながら、それが十分に果たせなかったことに忸怩《じくじ》たる思いを抱えているが、いちばん根底にあると思われる「友愛」の意義すらつきつめきれない口惜しさ、空しさはずっと続いた。

そんな想いをもちながら最後の部分をまとめたが、それが独りよがりでなく、どれほど広く理解いただけるかが本書を測るバロメーターだろうと思う。まとめのキーとなるのは、「友愛」は普遍的原理としての「自由」や「平等」とは違って、普遍・グローバルではなく、特殊・感性的、部分・ローカル的な集団（アソシエイション）の活動をつうじてはじめて人類の基本原理として普遍化されるという主張である。「友愛」はヒト本来がもってきた人と人の間の日常的な深い交流関係のなかで生得的・遺伝子的ともいえる生理反応ともつながる感情に由来する人類共通の心性であり、しばしば対立しがちなヒトの自己保存・利己性に由来する「自由」とヒトの種族保存・利他性につながる「平等」という二つの人類根本の理念を調和させる役割をもち、しかもそれを抽象段階にとどまらせず、具体的なかたちで社会に根づかせることを可能にする機能をもつ概念である。その意味で、自由と平等とは位層をやや違えつつも、それらの根底におかれるべき概念である。このことは、第2部のなかで検討されているように、「友愛」原理がアンシャンレジームの廃絶を宣言した1789年のフランス大革命時の人類普遍の宣言のなかにはみられず、資本主義の格差と対立が顕著となる時期の1848年の権利宣言のなかではじめて表明されるにいたった経緯からも、おおよそ確認できる。

そうした意味をこめて、本書評価のバロメーターの針が少しでもプラスにふれたとすれば、多元的に使われ曖昧な「地域」という概念を十分に究めないままに多用してきた地理学を専攻し、とりわけその意味づけにこだわって馬齢を重ねてきた私の思索過程の終末で、社会科学として堪えうる考察の入り口を見つけたという、一般の読者からはもちろん、他分野の研究者からも空虚とさえ感じられるにちがいない程の、まったくささやかな成果に自らを満足させることになるであろうし、逆に、もしバロメーターの針がマイナスにふれたとしても、現代社会のさまざまな歪みにめげることなく、それを少しづつでも批判し、正しながら、それぞれの成長を求めて、おおらかにくらしつづけているすぐれた友愛集団との交わりを幅広くもちえて、それを世間に広く紹介しえたことを誇りにしたい。

第1部

友愛活動　四つの話題

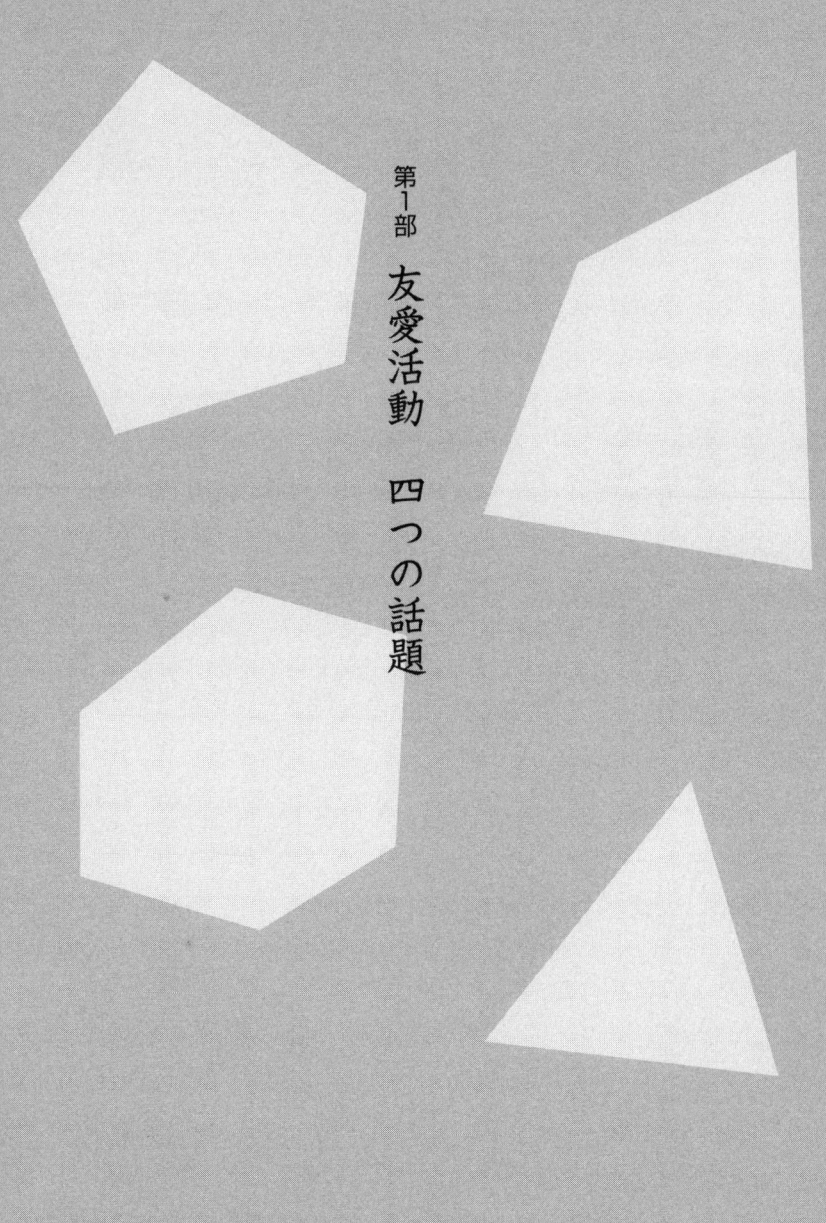

第1話　走る〝あぼ兄イ《に》〟とその仲間たち

笑顔と活力に満ちた農村づくりと農業小学校の実践

椛の湖農業小学校の入学式風景

岐阜県の最東南部、長野県に接する中津川市坂下地区の山間の一角、春、秋の椛《はな》の木が美しく、また近年はすぐれたオートキャンプ場で名を知られた椛の湖に近く、第17期の椛の湖農業小学校の入学式が始まろうとしていた。２０１０年、平成でいえば22年、まだ寒さが残る３月下旬の日曜日だった。今年も、私の孫娘で小学校５年生が2期目の入学をするというので、私も早朝の名古屋を発って、それに参加した。ここ10年ほど、この農小のことは幾度も聞き、ちらちら横目で見て注目はしてきたが、深く知るためのうまい機会がなく、残念に思っていたので、今まで以上に深く農業小学校を知り、その中心で、いつも走り回っている印象の強い校長

先生の　安保洋勝、周りのみんなから「あぼ兄イ」と呼ばれている人物と、それをとりまく多様な人間集団の皆さんとのつきあいが深まることとなったのは、嬉しいことだった。

2、3分の遅れはあったが、定刻の10時半に「これから入学式を始めます。生徒のみなさんは事務所の前に集まってください」とスピーカーから声が流れる。だが、焚き火の周りの子どもたちはすぐには動かない。少し離れた草むらで花を摘んでいた女の子がこちらへ歩き出したが、急ぐ様子はない。小さな男の子はまだ夢中でなにかを追いかけている。「集まってください」の声が二度三度とくり返され、母親らに促されて、やっと事務所の前の小さな広場に、雑然と大きな人の塊ができた。「決められたグループごとに並んでください。親御さんらアは、うしろのほうへ。そこの柵にもたれると、古くなっていて危ないから気いつけてください」。

スタッフの準備OK、だが生徒は……

でも入学前のちっちゃな付添いの子どもは平気で柵上りをして、父親とはしゃぎまわっている。「校旗の掲揚をしますから、6年生はハタのところに行ってください」。さすが上級生の彼らだ。さっと走って50メートルも先の旗台の下に集まった。もう何年間も、年上の6年生が校旗を掲揚するさまを眺めてきた子どもたちだ、事情はよくわかっている。「校旗の掲揚始め～」の号令でテープレコーダーから「あたまを雲のうえにだあし～……」と打ち合わせどおりの音楽が流れ、するすると幡《はた》が揚がっていく……はずだったが、なぜか揚がらない。どうも綱が結ばれてしまっていたようで、近くの大人スタッフも駆けつけて、もたもた、時がすぎる。その間も歌はどんどん進んでいく。やがて大人がハタから離れる。ほっとしながらも「また今年もいつもどおり、へまやっちゃったか」というスタッフたちの苦笑のうちに、やっと無事に「椛の湖濃業小学校」の字が白く染め抜かれた紺色ののぼり幟が、恵那山を背景にひらひらと風に靡《なび》いた。

「校長先生の挨拶」。と司会の紹介に続けてささやくような小声で、だがスピーカーはそのまだから「なるべく簡単に」と誰にも聞こえる声に促されて、みんなの前に校長先生が立つ。「これから1年間、今年の農業小学校をはじめます。校長の安保オです。でもみんなからはあぼ兄イと呼ばれていますから、みなさんもそう呼んでください」。真っ黒に日焼けした、すこしごついがいかにも長年の農業で鍛えた「お百姓ぜん」とした頼りがいのある顔が、柔和に話し始めた。16年も前に、10人ほどの仲間でこの小学校を、まったく行政の援けもなく、自分たちの力だけで始めたこと、今までに何百人もの先輩たちが「農業っておもしろい」といって卒業していったこと、そのなかには卒業後もスタッフとしていっしょにボランティアとしてし働いてくれていること、まちと田舎の貴重な交流の実践で、マスコミなど、世間の注目をえて、今日もその関係者が取材にきていること、などなど、話はつづくが、司会に耳打ちされて、「はたけ作業より虫取りがよくなったら、そうしてもいいです、お昼はスタッフのおばさんたちがつくったおいしい田舎行事のご馳走です。とにかくこのすばらしい田舎のくらしかたを経験して楽しんでください」と締めくくって、拍手を浴びる。横に立つスタッフの中では、「きょうのホラはまあまあか」のヒソヒソ声。ついで来賓挨拶、たくさんのスタッフ紹介、とても名前は覚えきれない。

緊張の入学式直前。遥か遠く恵那山を望んで

さらに、生徒の自己紹介と、式はまだまだつづく。今年が初めての1年生の男の子は緊張してぼそぼそと名前をいう、が聞こえない。でも、やがてだんだん調子が出てきて、ぼくは3回目です。小さい妹もいっしょに来ています、と妹の紹介まで。そして6年生ともなると、「すぐあと僕がグループ長に選ばれると思いますが、○○です。よろしく」には、大人たちの爆笑と拍手。「グループ長の立候補演説は学校始まって以来初めてです」と割っているいる司会の声に、またまた大笑い。そして農場長の「ク

ワヤカマをもつこともあるので気いつけること、みんなの作業が終わると、畑の周りに畑を荒らすいのししや狸などがはいらないように電気を通した線をはるので触らないように」などな　ど、簡単な注意。そこでグループごとに分かれて、指導スタッフの農業経験豊富なおじいさん先生やほとんど素人のおばさん先生、それに父母たちがあつまり、グループの役割などの話し合いが進む。前年の経験のある父母も多く、話しは順調に進んで、いくらかの交流が進むうちに、やがて午前のときが過ぎた。この長い時間の中、小さな子どもも含めてみんな元気なのは、青々とした緑ゆたかな山に囲まれ、さわやかな空気が流れる広い空間のせいだろうか。そのあとの昼ごはん、そして午後からの授業と黒板に書かれたとおり、初日の日程はいくらかの行き違いや計画とのズレはあっても、それはまた例年のこと、いつもどおりに無事に進んでいった。

手づくりの記録からみる　椛の湖農業小学校の実績

椛《はな》の湖農小のめざすものは次の四つである。

1. 田畑を耕し、種をまき、土にまみれて作物を育て、自身の心をひろげる。
2. 収穫の喜び、食べ物の大切さを体験する。
3. 教室を開いて、モノづくりをして創造性を高める。

4. 都会のみなさんと田舎の私たちとふれあいの輪を広げる。

どれも農業小学校を開く目的としては納得され、共感がえられるものであろう。ただ3については、いくらか首を傾げられるむきがあるかもしれない。それは、設立にいたる経緯や授業内容がわかれば、きっと容易に納得いただけるだろうし、それがまた学校設立の趣旨の土台にも関わる大きな意味を含んでいる。

かくの如く、掲げた目標どおりの成果が上がっているかどうか、今日までの手元に残る手づくりの記録から探ってみることにしよう。手づくりの記録といっても、その大部分が生徒、その父母、スタッフなど関係者みんなでつくった共同作品である。まず見たいのは、第1回からこれまで欠かすことなく(2010年は17期)、生徒、父母、スタッフの感想を手書きした文章や絵をそのままコピーして閉じこんだ「卒業文集」である。そのとき、そのときの貴重な体験の記録や生き生きとした感想が、文字どおり生々しい筆づかいそのままで大事に収納されている。さっと目を通すと、ほとんどすべての文が、新鮮で、楽しかった思い出や、どきどきした体験を感謝の気持ちもあらわに、あるいはたどたどしく、あるいはびっくりするほど上手に書かれていて、その一生懸命さに心打たれる。「ほとんど」といったのは、なかにこんなものもあるからだ。「お父さんやお母さんが行くよと言うからいつも行ったけど、はっきり言ってだから何なのかがはっきりしていないのでつまらないと思った。……多分、農業小学校がつまらないのは、……耕すところから収かくまでじぶんでやってじぶんでもらう（もって帰る引用注）のなら自分で野菜をつくれたということもあるしがんばれると思うけど……」というやり方への不満、批判である。このときは6年生の男子で、この農小には1年しか来ていないけれど、もし2年目に行っていたら……と思うと、なんとも積極的な意見で、それこそ目標の第一に掲げた内容そのままである。現実には、開校日が3月から11月まで、月一回だから、彼がいうようにはとても無理かなとも思うが、しっかり検討されていたら、違った農小運営が拡がったかもしれない。

いうまでもなく、月一回の開校というやり方だから、それ以外の時の田畑の栽培管理は大変だ。その大変さを物語る記録もある。それは、『どんびき』と題された会員向けの月一回の定期通信紙である。「どんびき」とはこの地方でいう「がまがえる」のことで、いかにも野性味溢れるこの農業小学校にふさわしい紙名である。後ですぐわかるが、椛の湖農小発足から4年目の97年3月が第1号で、それからはきちんと定期的に発行され、今月の予定と作業内容、農への想いを切々と綴った「あぼ兄の百姓話」、農耕指導の「○○先生の農小レポート」、地元坂下を紹介する「○○くんのさかした」、その他何人かのスタッフの想いを書いた文章と、そのときどきの山野の花や鳥、虫などのスケッチが満載された魅力あるニュースで、今（2010

年）は130号を越えている。

その『どんびき』の18号に、高齢で、しばしば体調をこわして入院をくり返されていた鎌田宮雄初代校長が第5期卒業生を無事送り出した後のことを、「みなさんのおかげやったなも……」の一文として書かれ、その大変さの一端を、次のようにしるされている。「……私自身、野菜畑をパワーシャベルで土を耕やし、生石灰を散布し、有機質肥料（コンポスト）をダンプカーで運んで散布し、さらにドライブディスクで掘り起こし、冬期間に肥料が分解して土になじむようにしました。春を楽しみにしております」。高齢、病身の校長先生ですらこのがんばりだ。ほかの農作業指導担当の中高年のベテラン農民のボランティア先生の大変さは、想像を絶する。子どもの作業準備の手はずを整え、子ども等が帰ってからの補植、後片づけ、月1回という開校日の間の栽培管理、風雨、日照りなど天候不順時の対策などなど、まったく手をぬく暇もなかろう。本来ならこの大変さをなんとかまちの子に体験……とまでは行かなくとも実感してもらうことが大切だが、それは「農小」では無理で、農業実習大学校でもなければ実施できない課題なのであろう。先に紹介した子どもの率直な批判的感想にたいして、鎌田校長の一文は、ひとつの回答だったかもしれない。ここにあげた2つの文章の検討からでも、よりよい農小の運営スタイルが発見できる貴重な宝もの的資料である。

表 2-1　参加族数と生徒数の変遷

第1期	77家族	101名
第2期	84家族	104名
第3期	71家族	94名
第4期	66家族	83名
第5期	58家族	77名
第6期	56家族	79名
第7期	85家族	114名
第8期	75家族	90名
第9期	70家族	86名
第10期	75家族	90名
第11期	65家族	70名
第12期	43家族	46名
第13期	30家族	37名
第14期	46家族	56名
第15期	50家族	60名
第16期	53家族	57名
第17期	53家族	58名
第18期	61家族	73名

さて、その大変さを抱えながら、２０１０年の今期は17回目である。表２―１でみるように、安定した参加家族・入学生徒数である。10期を過ぎたあたりから家族数・生徒数は減少気味のように見えるのは主として、耕作管理のほかもう一つ大変な負担だった食事の賄《まかな》い準備能力にあわせて、生徒数を制限したからであった。

学校運営に関する負担の大きさは、逆にいえば、授業内容が充実していることを意味している。学校開校当初の年間計画表は残っていないが、その後もほとんど内容は変わっていないといわれるので、第５期（１９９８年）のものを表２―２に示そう。

一見してびっくりするのは、多様で意欲的なプラン内容である。カブトムシ飼育、鱒《ます》つかみ、１泊キャンプ、栗ひろいと、子どもの気を惹《ひ》きそうなものがいろいろ取り入れられているが、中心は、およそ４アール（出発時はもっと広かった）の畑では春・夏・秋の野菜の種まき、収穫がずらり。20アールの水田での田植え、草取り、稲刈り、稲扱《いねこ》き、くわえて学校敷地

表2-2　椛の湖農小年間計画予定　（平成12年度）

月　日	主な授業内容	食　事
3月26日 第4日曜日	・入学式　・プランター配布 ・野菜の種まきとジャガイモ植	五平もち 田舎汁など
4月16日 第3日曜日	・野菜の種まきと野菜の苗植え ・椛の湖まつり参加	竹の子ご飯 吸い物など
5月21日 第3日曜日	・田植え　・バケツ栽培稲苗配布 ・野菜の種まき　・カブト虫幼虫配布	よもぎ餅とぼた餅 田舎味噌汁など
6月18日 第3日曜日	・田の草取り　・ジャガイモの収穫 ・野菜の手入れ　・紙すき	ほうば寿司とほうば餅 吸い物など
7月16日 第3日曜日	・野菜の収穫　・茶つみ ・野菜の手入れ	五目おこわ 野菜の料理など
8月26日 27日 第4土日曜日	・野菜の種まき ・いろいろな教室 ・キャンプ　（椛の湖キャンプ場） 〔ミニ・フォーク・コンサートなど〕	夜店開催 メニューたくさん
9月17日 第3日曜日	・栗ひろい　・野菜の収穫 ・稲刈り　・文集原稿依頼	松茸ご飯 きのこ汁など
10月15日 第3日曜日	・稲おとし　・野菜の収穫と手入れ ・さつまいもの野焼き・文集原稿締め切り	栗赤飯 吸い物など
11月19日 第3日曜日	・収穫祭（餅つきなど多彩） ・卒業式（卒業証書授与・文集配布）	ぜんざい・五平餅 こくしょう汁など

・都合により計画を変更することもあります。
・生徒用の農場で生産した農産物は、分け合って持ち帰っていただきます。
・保護者の方は、食事の手助けや農場で働いてもらいます。

の周りの茶の木からの茶摘み、茶もみまで。およそ農業一式全部である。今では日本からほとんど姿を消してしまった養蚕がこの地方の農業として生きておれば、それもやったかもしれない。皮肉なことだが、農小の畑は、その使わなくなった桑畑を開墾したものだった。ここまで授業内容を凝らせるものはなにか。『どんびき』の8号（第4期の最後月）に、あぼ兄イがこんな文章を載せている。「……百姓とは貧農の代名詞であった。（しかし）百姓とは本来、百の作物、百の仕事をこなす人の意味をもつ。田で米、畑で野菜を育て、生活の必要なものは手づくりでやってきたすばらしい生活力、その持ち主を言うのです」。その生活力を感じてもらうため、できるだけ多くの百姓仕事を計画にもりこみたかったに違いない。もう十数年も前、はじめてあぼ兄イとあったとき、彼からは紙のようにうすく削ったヒノキ片に手書きの達筆で「百姓安保洋勝」の字が躍っている名刺をもらった記憶が鮮明だが、その誇りを生徒だけにではなく、自分たち農小スタッフにも求めていると、私は思った。この文が書かれた年、農小で栽培ないしは収穫をした食用作物は29種、ほかに花など6種、さらにぞうりとか木工など工作物が5種類、計40種に上った。

年をとったし、農に誇りのもてない時代になって、張りをなくしがちな老齢の農家先生たちがそうした生活の張りを求めて、自らに活を入れ、誇りを回復すると、かつての経験が頑固に生きてくる。だから農小の栽培指導ではオレ流がぶつかり合う。今の農場長の鈴村恒夫さんはもと国鉄の機関士。子どもたち、その後ろで聞いている親たちにジャガイモの植え方を説明する。「出ている芽を上にするか、横にするか、下にするか、ここ数年議論しました。が、決まりません。去年北海道へ旅行した時、栽培農家に聞いてみましたが、どんな植え方でも芽は上に出るから、どっちでもいいとのことだった。機械を使うとそうなるのです。でもここでは、今年は芽を上にします」と。先生たちもちゃ～んと学んでいるのだ。しかし、いや、だからきっとこれからも、「上横下」論争は続くにちがいない。そのオレ流が出るうちは、脳も腰もしゃんとしていることは間違いない。

年間計画でさらにびっくりするのは、昼の食事メニューである。どれもこれも、この地方の旬のご馳走だ。そのたっぷりさと食材の新鮮さで、おいしさは倍加する。表2―3は、開校年と昨年第16期の1年間の献立表であるが、その多様さと豪華さには驚嘆する。この農小や近くの農家の畑から取れた新鮮そのものの野菜、まわりの山野で摘んだ植物などを、手間ひまかけて加工する。なかには、キャンプのときにおこなう、つかみ捕りの鱒を子どもたち自身が腹だ

表2-3　昼食献立表

		平成6年　第1期	平成21年　第16期
3月	昼食	五平餅 こくしょ たくわん	五平餅 豚汁 コンテツ・竹輪・筍の天ぷら 大根・レタスのサラダ たくわん
4月	昼食	筍ごはん 菜けんちん ホウレンソウおひたし 漬物	筍ごはん 手羽元さっぱり煮 ﾆﾝｼﾞﾝとホウレンソウごまあえ ﾆﾝｼﾞﾝ昆布あえ たくわんの粕漬け ゼリー かきたま汁
5月	昼食	よもぎ餅 ぼた餅 漬物 レタス 筍・わらびの味噌汁	よもぎ餅 ぼた餅 おにぎり 野菜サラダ たくわんの粕漬け コンフリーの天ぷら フライドポテト 温タマネギのおかかマヨかけ 筍・わらびの味噌汁
6月	昼食	ほうば寿司 吸い物 漬物	ほうば寿司 かきたま汁 野菜サラダ ｽﾃｯｸｾﾆｮｰﾙの味噌マヨかけ 漬物
	おやつ		ほうば餅 くるみのひねり餅
7月	昼食	手打ちそば キュウリ・トマトまるかじり おにぎり タマネギとシーチキンサラダ	カレーライス マカロニサラダ ﾆﾝｼﾞﾝ・ｶﾗﾑｰﾁｮサラダ きゅうりのからし漬け トマト
8月 1日目	昼食	カレーライス 漬物	おにぎり トマト・キュウリの丸かじり ゆで卵 きゅうりのからし漬け なす漬け
	おやつ	とうもろこし	すいか
	夕食	豚丸焼き ローストビーフ 鱒塩焼き いか焼き 焼き鳥 こてっちゃん 砂肝 フランクフルト 焼きそば おにぎり	豚丸焼き 鱒塩焼き いか焼き 焼き鳥 鶏肉唐揚げ フライドポテト フルーツポンチ 野菜サラダ 焼きそば フランクフルト おにぎり
8月 2日目	朝食	パン バナナ 牛乳 ミニトマト トマトジュース	パン 牛乳・ジュース トマトジュース ハム ミニトマト・キュウリ
	おやつ		とうもろこし カキ氷
	昼食		流しソーメン
9月	昼食	栗赤飯 きのこの吸い物 ひじきのサラダ 漬物	まつたけごはん きのこ汁 にんじん昆布あえ まうり粕漬け 揚げじゃがいも・インゲン・豚肉煮物 すぐり菜のごまあえ
10月	昼食	芋餅 だいこんと豚肉味噌汁 漬物	栗赤飯 豚汁 椎茸・サツマイモの天ぷら 大根・レタスのサラダ
11月	昼食	五平餅 こくしょ おでん フライドチキン ぜんざい 甘酒 漬物	五平餅 芋餅 鶏肉唐揚げ 餅（きなこ・大根おろし・ぜんざい） ハクサイと蕪の浅漬け 味噌おでん こくしょ トマト ｽﾃｯｸｾﾆｮｰﾙの味噌マヨかけ
	おやつ		鬼饅頭

しして、焼かせて食べ、自分たちが他の動植物の命をいただいて生きていることをしっかりと意識させるといった工夫もされる。当初あった7月の手打ちソバは、粘土細工になってしまう生徒の作業状態をみて中止となり、代わって子どもたちに人気のあるカレーづくりとなったが、とれたてのジャガイモのうまさは街なかでは絶対に味わえないものである。このようにして、スローフードがいわれはじめるよりも数年も前に、ここではすでにその実践がすすんでいた。マスコミが「食育」の語を書きたてるはるか前に、すばらしい食育の先駆的実践がはじまっていたのである。

が、問題はその調理労働である。食べる口の数がべらぼうに多い。今17期は生徒53人、一人に両親、年下の兄弟姉妹もけっこう多い。それにスタッフがおよそ50人として、ざっと250食前後になるだろうか。おもに地元モノとはいえ、食材の確保に走り回り、学校開始時間よりうんと早く、なかには前日から、下ごしらえにかからねばならない。人びとで一杯の調理部屋は、関係者以外の足が入れられる雰囲気ではない。もうもうと湯気が立ち込め、十数人もの女性スタッフが動き回る。午前の農作業が終わり、父母たちが丸太や板で急ごしらえした食卓の前に全員が座り始める3時間あまりは、まさに「戦場」そのものの忙しさである。農小開始当初は担当するのはほとんど地元の女性だった、たいへんな作業である。ここ農小の初代の校長先生は恵那郡の各小学校で教鞭をとり、いわゆる「恵那つづり方教育」に熱心に取り組み、定年時期には地元の坂下町内の学校で教壇に立っておられた。その影響を多かれ少なかれ受けた中高齢者が黙って横目で農小の出発を見てみぬ振りをするはずはなく、多くのボランティア・スタッフやボランティア先生の地元参加があった。最初からずっと食事づくりの中心となってきた山内満由美さんは、学校出発時のあぽ兄イの頼みに「そのころは葬儀が自宅や地域の集会所でおこなわれ、料理を１００人、１５０人分と講の人たちでつくっていたこともあり、何とかなる」と引き受けたと語っている。村の暮らし方そのままが、定年後もなお、「事実をしっかりと見て、ごまかしのない、創造的なくらしをつらぬけ」をモットーとした恵那教育の基本にとりくんで止まなかった先生への感動をとおして、この農小に集まり、たいへんな作業を支えたのである。

畑の農作業。まずは種まき

もっとも、これとは違った声も聞こえないわけではない。古く、旧陸軍のギフ連隊内で、「恵那ぞうきん」という言葉があったそうで、エナの人間は要領がわるく従順であることを揶揄《やゆ》するものだった。「ただで、そんなえらい（苦しい）しごとなんか、普通はしない。やっぱり恵那ぞうきんだ」というわけである。昔の閉塞した貧しい山間村の人情、空気を言ったものだが、あるいは、それがまったくなかったといえなくもない。しかし、その貧しさの中で閉塞しきった村人の性となってしまっていた「くうき」を乗り越えていくために、昭和30年代前半期からの恵那の教師たちの努力は、「恵那ぞうきん」を死語としてしまうほどの成果を立派に実らせていたという証拠だと、多くの人は共感するにちがいない。恵那教育は全国の教師たちの注視の的だったが、その地域にもたらした成果は根深くかつ広くいきわたっていたのである。

そうした地元のボランティア参加者も、年を経て加齢にしたがって体調をこわし、引退を余儀なくされる。「あの人が辞めれば私も」という伝播は意外に早い。そうしたなかで、これまで農小生徒の親として参加していた人たちのなかから、農が面白い、農小の雰囲気がいい、月1回ぐらいの気晴らしをしたい、仲間になったあの人たちとまた会いたい、たいへんな賄《まかな》いを手伝いたいなど、いろいろな動機からスタッフとして参加するケースが増えてくる。そして、それに並行して、すこしづつ運営にも変化がうかがわれる。このようにして、椛の湖農小は、地についてしっかりと定着していったようだ。途中から『どんびき』の定期発行がはじまり、募集生徒の定員が制限されはじめたのも、ほぼそれに並行しているように思える。

「地についた定着」の現象はまだある。中学生となった卒業生のボランティア参加がみられたことである。その学年となれば、学校の部活や学習の多忙で、月一回の参加とはいえ、実行はたいへん困難で、卒業生スタッフの数はけっして多くはないが、機会に恵まれれば、ぜひ行きたいという声はけっこうあるらしい。農小の目的が着実に実っている何よりもの証拠である。

もう一つ、農業小学校運営で、重要な、しかし大変な仕事を背負っている人々がいることも忘れてはなるまい。運営全般を、多少の齟齬がありながらもきちんと継続するための事務全般の負担である。中心メンバーの話し合いで概して大まかに決まることがら、たとえば募集案内の手はず、入学希望者の取りまとめ、年間計画や諸注意の送付、そして入学日、開校日、キャンプファイヤー、卒業式などなどの手はずと準備との諸連絡は、きちんと生徒の家庭に送られる。農小の運営・進行は、けっこうおおまかで、それがまたこの農小の魅力なのだが、大枠のところでは、しっかりしていなければならない。そのためのすべての責任がかぶさる。連絡手段の『どんびき』の定期発行は欠かせない。が、その記事割り当てにしたがって、きちんと原稿が来るわけではない。その訂正と穴埋め、会員への郵送事務の手落ちは許されない。そこには、食事手配のための参加人数の事前確認も必要。そして、納入されるお金の管理と支払い……と数えていったらきりがない。「この人がいなかったら、農小はありません」とあぼ兄イは、ぼそっという。椛の湖近くの小集落の造り酒屋、夫婦だけの酒づくり人（くらびと）で、日本一小さな蔵と自称する「聴ちゃん」、山内聴太郎さんは、創立以来ずっとこの事務長を引き受けている。途中から、あぼ兄イと同じ集落に住む「トクちゃん」こと小林銷男さんが参加す

食事風景。食育もきっちりしている

るようになって、いくらか運営上の気苦労は減ったようだが、まだまだたいへん。食事づくりの中心の満由美夫人はその不可欠の助力者でもある。トクちゃんは定年後のアルバイトで不慮の事故にあい、両足切断という重度の障害を持ちながらも、国内のパラリンピックで活躍した経歴もあり、車椅子で健常者以上に走り回り、みんなに声をかける。生徒の子どもたちの畏敬の的でもあり、その柔和な物腰の魅力で、アイドルでもある。が、しつけはきびしい。昼食は多人数で、全員の配膳が終わるまでにはけっこう時間がかかる。空腹で早く食べたい子どもらを抑え、みんなに食事が行き渡ったことを確認し、トクちゃんの号令でそろって「いただきます」を唱えて、はじめて食事開始となる。賄いボランティアさんへの感謝、今日の食事の意味づけもトクちゃんの説明でなされる。食農教育はきびしく徹底している。

そのほか、農小のスタッフは、どの人も、どのひとも、輝くばかりで、学校の魅力をみんなで引き立てている。それが私の偽らざる椛の湖農業小学校の印象である。

2010年の11月最後の日曜日、17期の卒業式の日は、曇り空の冷えびえして、時折時雨がきた寒い中での行事だった。卒業試験のごぼう堀りに苦労したあと、収穫祭を兼ねたご馳走、農場で取れた野菜たっぷりのサラダ、収穫したもち米でついた餅、姉妹校荒城農業小学校が学校の窯でつくった炭を使って焼き上げた地元名物五平モチなどなど、たっぷり。そして午後2時にやっと卒業式が始まった。

その式で配られた今年の『文集』の最後のページに、農場長鈴村さんの挨拶がある。

「1年間ご苦労様。椛の湖農業小学校の授業はどうでしたか。小さな種が大きな野菜にひとなる（成長する）姿はすばらしいですね。自分の手を見てください。あなたの手の5本の指、その中で一番大切な指はどれですか。そう、いうまでもなくすべての指が大切ですよね。田畑にも五つの大切なものがあります。

土＝肥えた土

苗＝丈夫な苗、よい種

陽＝太陽の光と熱（温度）

水＝雨と水を蓄える森林

愛＝作物にたいする愛情

たのしいドロンコ。田植え風景

の五つです。

ところが今年は、降りだしたら止まらない雨、何日も続く猛暑、過ぎた太陽と雨に泣いた1年でした。皆さんに菌を入れてもらったナメコも乾燥でぜんぜんダメでした。でも、菌はこのなかで生きているはず、来年に期待しましょう。来年はどんな天気になるのかな。天候に負けず、田や畑に愛情を注ぎにきてください。来年もよろしく」

あぼ兄イ・校長の長い話が、寒空の中つづいた。「食料自給率がここまで落ちている。そのうえに、さらにＴＰＰがでてくる。それで日本の農業が崩壊したら、日本はどうなるか。この一年の授業でみなさんおわかりでしょう……」。

寒いなか大人はじっと聞き入っていた。

最後の農小幟《はた》の降納役は5、6年生だったが、またまたトラブル、引っかかってどうにもうまく降りてこない。爆笑のうちに今年の行事はすべて終わった。

恵那の土地柄　農小を生みだす夜明け前の苦しみ

これまでの話から読者は想像されたにちがいないが、この魅力に満ちた輝くばかりの梳の湖農業小学校は、あぼ兄イなくしては生まれなかった。まさにそのとおりだが、同時に、あぼ兄イだけでは生まれなかったこともよりつよく強調したい。まさに、この農業小学校はあぼ兄イを核とするすぐれた人間集団による創作品であり、まだ完成品ではないだろうが、さらに磨き上げられて完成に向かいつつある、稀有な傑作である。機会あるごとに、関係する専門誌、この地方の新聞はもとより全国の大新聞、テレビは、その日常の姿や農小イベントを紹介するほどの、世の「知られもの」でもある。が、取材のメンバーは短時間の取材という制約もあり、どうしても通り一遍になりがちである。それを認めながら、取材記者らは、どうしてここにこんなにすばらしい人間集団ができたのかが十分に探れなくて、不思議だと首をかしげ、とまどいを隠さない。私とても同じだが、より深く、またより広く事情を探る機会を得る幸運に恵まれて、この不思議とされる形成の基底を、いくらかは深く紹介することができるように思う。

さて、あぼ兄イのまわりのだれに聞いても、答えはほぼ同じで、「彼のもって生まれたキャラクターのせいだ」と返ってくる。それには私も同感。たしかにあぼ兄イほど付き合いやすい人物は、他に知らない。開けっぴろげで、それでいて繊細。だれとでも腹の底から話しをして、けっして人を差別しないし、意見ははっきり言うが、反対になにをいわれても怒った顔をみせない。そして自身は他人の悪口を言わない。まわりの仲間は、あぼ兄イの日頃の言動をあげつらって、冗談まじりの本音を言って、笑いものにする。それをまた笑いで応え、まじめな話しを笑いで返す。そしてその逆もしばしばだ。本当に楽しい。だからお互い本音で言い交わせる。「ほらふきあぼ兄イ」と言われながら、結局彼の考えどおりに話は落ち着く。これほどつきあって気持ちのいい人物は、まずない。だから彼の周りにはいつも彼を信頼している人が集まる。あぼ兄イは、まさに人間集団の接着剤である。

だが、大事なのは、その人柄だけではない。数学や経済学用語で言えば、それは周りに人を集めるための必要条件ではあるが、十分条件ではない。人柄への信頼だけでは、本当に強い人間関係は生まれない。それを生み出すのは、集まって話し合う仲間が、お互いに心から共感できる生き方、くらし方についての確たる信念を共有し、かつそれを実行する共同の行動力をもっているということである。たしかに、あぼ兄イ集団はこうした条件をかなり、いや充分もっている。

農小という一つのゴールに辿りつくまでには多くの曲折があったようである。ここは「あぼ兄イ物語」を書く場ではないから、聞き取りの詳細は避けて、ポイントのいくつかに限って、ややつっこんで紹介する。

あぼ兄イは、けっして豊かとはいえない農家の9人兄弟の長男として生まれた。体格と健康に恵まれ、小さい頃から手伝った農業は嫌いではなかった。体育のほかは社会と数学が好きだったというから、まじめな健康児だったといえよう。先生が褒めると、まわりの同級生がやっかみ、いじめる。生来の争い嫌いで、彼はみんなと遊ばなかった。中学を終えて、多くの農家の跡とりがいく農業実習学校で1年間学び、卒業時は代表で答辞を読んだ。が、村では友人はいなかった。生家のある福岡町は「恵那ぞうきん」を地でいく雰囲気が色濃く、どうしてもなじめなかった。

幸い、彼の集落は、隣の坂下町との境にあり、旧国鉄の駅が所在し、裏木曾を管理する営林局の労働者も多く住んでいたこの隣町は、恵那の中心都市中津川市や恵那市と並んで、新しい開放的な雰囲気をもっていた。前に述べた「恵那教育」の影響がもっとも根を張っていた町である。農業のかたわら、彼は町内にある木工所の手伝いをしていたが、そこでの一番の楽しみは、製品を車で名古屋に届ける仕事で、行けばほぼ一日たっぷり大都市の空気が吸える。好んで行ったのは映画館。洋画で恋愛モノ、社会派の作品が多かった。また大きな書店へ行って、はやりの文芸書や人生の思索書などを買いこみ、拾い読み（と、本人はいうがしっかり読んでいたと思う）し、自分のものにして、坂下のまちで交際する友達に披露するようになる。人柄に加えてのこの教養で、若者たちのなかでは目立った存在となっていった。恵那教育の中枢人物だった「近藤武典」らにもかわいがられた。こうして主に、昔ながらの農業でくらしながらも、あぼ兄イは恵那地方という場所にしっかと足をつけた青春を過ごした。大都市を始め地方都市でも「反安保の闘争」で沸き立ったが、それにはさして関心はなかった。もっとも強い関心は、仲間の多くも同じであったが、恵那教育が強調した「自分を見つめ、自分にふさわしい創造性をもったくらし方をつくりだす」だった。あるものは創作演劇に、あるものは地歌舞伎のさかんなこの地方の伝統芸能の再興に、またあるものは時代を批判し想いのたけをぶつけるフォークソングにそれを求めた。

大学をでて、はじめは恵那郡で教師となり、恵那教育にも打ち込み、やがて東京にでて出版社に勤めて、フォークになじんでいた近藤武典の義弟の笠木透が地元に帰り、ここをネジロに演奏活動を始めたことで、フォークはあぼ兄イたちよりもっと年下の若者の多くを虜《とりこ》にした。そのうちの一人にある意味では農小開設のきっかけをつくった町役場職員の「みのちゃん」、故古井実さんもいた。彼が毎号に描いた『どんびき』紙の絵はすばらしく、絶品ばかりである。そうした雰囲気をあぼ兄イもたっぷりと楽しんだ。が、彼自身は地域のバス会社の運転手となった。そして、坂下町を主に、東濃の村々をきめ細かく走る路線の担当者として、さらに町での存在感を高めた。あぼ兄イにとっては、恵那教育のいう創造的な生き方とは、労働者文化のそれであった。だから労音の活動にも積極的に参加し、そして組織者としての資質も蓄積した。労音の組織的つながりをつうじて、彼らの交流範囲は広がった。映画も大事な時代の窓であった。1960年台の前半期のことである。当時、都会地ではどこにでもあったような、若者たちのくらしの大きな支えとなる新たな文化の火が、坂下のまちを越えて恵那郡の中心、中津川につながり、それにつれて、というよりその先頭で、あぼ兄イの人の輪づくりの範囲は全恵那にも広がった。彼のふるさと恵那にたいする愛情、愛着はいやがうえにも高まっていった。

フォークグループ初の会場下見。近藤武典、笠木透の顔も。運転は若きあぼ兄イ

　それが一挙にしぼむ大転換のあらしが全国の地方農村を吹き荒れた。高度経済成長政策によって、拡大する大都市は不足する労働力を農村に求め、農村から都市への若者人口の大移動が始まった。過疎の大波である。昨日までともに楽しんだ仲間が次々と周りから消えていく。どうしても村に残らざるをえないものたちにとっては、心にぽっかりと穴があいた寂しさがつのった。田舎道を走るバスを運転しながら、「ここ恵那でなにか面白い、人をあっといわせることをやり

たい。そしてここはいいところなんだとみんなを元気づけたい……」。こうした想いで夢中になっていて、「道が違うよ！」と客から注意された、などということも一度ならずあったという。

そんななか、フォーク好きの親友たちを喜ばせる企画が聞こえてきた。1969年のことである。笠木透ともいっしょに全国的にコンサートをおこなっていた高石ともやのグループの企画で、なにか坂下の野外コンサートをやるといううわさであった。常日頃、地元青年のなかで夢見ていた、大きなイベントを自分たちが主導して開き、都会から若者をおおぜい集めようという話が、現実性を帯びてきたのである。もちろん、あぼ兄イもその中心にいた。そして町の青年団なども巻き込んで、性格も責任も定かでない実行委員会がつくられ、イベントづくりに動き出した。そのうわさが広がると、「そんなものをやったら、町がヒッピーで埋まるぞ」とか「不良に荒されて町の評判が落ちたら困る」などなど、町内の保守の頑固派たちから猛反対があり、会場探しは難航した。しかし、表面的には彼ら青年の破天荒さを批判していた開明的な町長の英断で、町が管理していた椛の湖畔の公園予定用地の使用が決まった。イベントを心の中では支持する町民たちは町長の英断を喜んだ。町長のあぼ兄イという人物にたいする信頼がこの英断につながったという裏話も聞いた。

使用を許された土地は、まだほとんど原野で、会場づくりは木を伐り、石を割り、でこぼこを直す地ならしから始めなければならなかった。あぼ兄イの運転手仲間の参加も心強かった。

知り合いからブルドーザーを借り、片や素手を使ったのこぎり、鎌、鍬での労働で一からの会場づくり、舞台からトイレまで全部手づくりで仕上げた。それを聞きつけて、まわりの農村から、はては愛知県からも手伝いの若者が集まり、すべての必要設備を、すべて自分たちだけでつくり上げたと、当時を伝える雑誌には書かれている。

そうした話を聞いて、手弁当で東京から参加してくれるミュージシャンもいて、1969年夏の第1回のコンサートは、3000人の聴衆の熱気で大成功となった。2〜3カ月後にわかったことだったが、椛の湖に遅れること4日、アメリカでベトナム反戦のウッドストックのロック・フェスティバルが40万人を集めたというあの伝説の集会が開かれた。その世界的大集会に先立ったというこの上ない満足で、実行グループの意気は大いに上がり、元気づけられ、自信をえて、椛の湖野外コンサートは翌年も続けられ、さらに3回目を数えた。その3回目には2万人という、町の人口をはるかに上回る人間が、全国的には名も知られなかった中央線のちっぽけな坂下駅に殺到する事態にまでなった。その時だけ、坂下に急行が停まった。

こうしたなかでも、過疎の状況はさらに深刻さを増していた。坂下を中心としたこの地方の青年がはじめてのフォークジャンボリー準備に全力を投じていた1969年の春、ちょうど時を同じくして、東濃と飛騨の農村部をきめ細かにバスを走らせていたあぼ兄イの勤める会社は、減少する乗客に合わせて路線を削り、けずり、さらに削りして、ついに名古屋の大鉄道会社の傘下に組み込まれようとした。あぼ兄イが中津川支部書記長だった労働組合はそれに反対し、1波から8波まで、計17日の384時間のストをかけてたたかった。あぼ兄イの指導する中津川支部では、スト当日は、組合員そろって農林作業や公園整備などの地域活動に汗を流すなど、特異なとりくみがおこなわれ、「過疎の村を救う労組のたたかい」と、大新聞はじめマスコミの声援もあった。あぼ兄イは、一方ではこうした労組の幹部としての日々の活動にとりくむとともに、その仕事を終えるや、職場から駆けもどり、夜はフォーク準備に打ち込む日々が続き、落ちついた食事もできず、歯を痛めながらも、だれにも負けずにがんばりとおしたと、当時を回想するそのあぼ兄イの顔は今でも誇らしげである。諸資料によると、あぼ兄イが指導者の一人であった支部はスト参加状況や給料遅配を切り抜けるために頼りとなる労金への預金運動などで、ずば抜けており、仲間の団結を大事にして文化・学習に配慮した支部執行部、とりわけ書記長の指導力は目立っていた。そして一定の賃上げをかちとり、大幅な合理化も一時ストップさせた。しかし、長期的にみて、会社の方針を変えるものとはならなかった。

そしてフォークの夢も花火の華やかさを残して、あっという間に消えていった。世間を驚かせたあの2万人余の大盛況は、この集会に目をつけた東京の音楽プロダクションが主に運営・進行をとり仕切りるようになり、地もとの若者のエネルギーを発揮できるスペースはう〜んと限られた。大盛況の興奮が去ってしまうと、「俺たちがやったことはなんだったのか」という未消化のむなしさが残ることとなり、コンサートはこの3回で打ち切られた。今後つづけても、母屋を取られるむなしさだけであることがわかってきたのである。以後地元のフォーク好き連中は笠木透の指導のもと、坂下のグループ「我夢土下座」（カムトゥゲザー）、付知の「土着民」などを中心に、フィールドフォークという身の丈にあったイベントを地元を中心にして活動しつづけた。正月元旦と春のイベント開始日にはタタミ1畳ほどの大凧、加えて各自の創作ダコをあげたり、恵那山、御岳山頂でのコンサートを企画、等々とさまざまな方法で自己の存在を精一杯主張しつづけた。あぼ兄イ、役場職員の「みのちゃん」、村の造り酒屋の「聴ちゃん」、後に聴ちゃんと結婚する満由美さん、つまり将来の農小の中心の仲間はみないっしょだった。「大晦日にはみんなあぼ兄イの家に集まり、安保夫人の令ちゃんのつくるおでんに舌つづみをうって騒いだ」と聴ちゃんは書いている。「おでんがうまくて集まった」というが、とにかく騒ぐことが目的だったにちがいない。

そのように騒がざるをえない空気がより重くたれこめてきていた。社会の動きは過疎にいちだんと拍車をかけた。あぼ兄イは、ますますしぼんでいく愛着深き村々を何とか元気にさせたいとのつのる思いと、村に残る自分の創造的な生き方の模索、加えて会社のこれ見よがしの嫌がらせ、それらが一挙にのしかかって苦悩するうち、食事も進まず、体重を7キロも減らした。さすが心身すこぶる頑強な彼もついに鬱病状態に陥ってしまった。そして悩みなやんで、会社を辞めた。大家族を養うために、安保夫人が代わって農協に勤めはじめた。結婚のとき、「女房を外で働かせることはけっしてすまい」という心の誓いは守れなかったとの悔いを残したが、彼女は結婚前の銀行勤めの経験が生かせる仕事の機会をえて前向きに働いてくれたことに深く感謝したと、あぼ兄イは私にぼそっとつぶやいた。強い夫婦の絆があったと、私は感じた。

バスの運転をやめて、医者も驚くほどの短期間に、再び健康を取り戻したあぼ兄イは、心進まぬまま、古くからのやり方をくり返す農業をしながら、まちの運動具店のアルバイトで働き、町民が野球、ジョギングなどに気軽に楽しめる仕組みを発案して、多くの人々を参加させる一方で、自分の雑木林の中に雑市楽座の名をつけた小屋をほとんど独力で建て、気の合う仲間と陶芸、木工、そして得意の竹細工と、創造性をめざしてものづくりに励んだ。名古屋の専門学校生の陶芸指導で、椛の湖畔にきていた瀬戸の高名な陶芸家の指導も仰いだ。こうして、納得できるものを創る、くらしのための心の支えとなるモノを産みだすという恵那教育の原点を求めての苦しみがつづいた。しかし、「あの歳でまともな仕事もせずに、女房を働かせて」、という非難の声も聞こえた。「あぼ兄イもあのままでダメになるぞ」と断じる村人もいた。フォークジャンボリーにも参加した福岡の青年団長で、若き精農を目指してがんばってきた「トクちゃん」も体を壊し、きつい農業労働に耐えられず、親類を頼って愛知県内の会社に仕事の場をみつけて、村を去らざるをえなかった。このように、あぼ兄イ仲間たちには、一途に動くだけで、動いても先の見えない日々がつづいた。

土への開眼が農業小学校の道に通じた

創作モノを求めつづけていたあほ兄イが、突如として開眼した。その開眼のきっかけをつくったのは、有吉佐和子の『複合汚染』であった。『恍惚の人』と並んでこの作家を有名にした本のなかみは、たしかに衝撃的だった。私ごとだが、鮮明な記憶がわが心中にもまだ残っている。太平洋戦争の疎開で名古屋から帰り、西濃の田舎で自家飯米の農業をやっていた私の父は85歳を目前にした初冬に、２カ月足らずの病床にあって、あっけなく死んだ。夏休みのときは、訪れた孫にも普通に話しができ、庭で鮎の串焼きのご馳走づくりの指揮ができるほど元気だったが、早秋に寝込み、病状が急変したとの連絡で駆けつけた私を、もはや判別できなかった。大垣の市民病院で撮った脳の断層写真を見て、その空隙の多さに驚き、担当医にその原因を尋ねたが、首を傾げるばかりで説明できなかった。そして、１週間後に意識が戻らぬまま死んだ。脳軟化症という診断だったが、半年前のあの元気さを思って、あの脳細胞破壊の映像はなんだったのか、ずっと不思議でならなかった。その数年後、有吉の『複合汚染』を読み、農薬や化学肥料の多投で日本人の水銀摂取量がきわめて高いというデータを見て、やっと納得した。父は無類のお茶好きだった。朝から夜までなにかといえば部屋に座り込んで、旨い煎茶

『複合汚染』と『農業小学校のうた』

を嗜んでいた。お茶は長寿の薬だといつも口にし、私もしばしばお相伴にあずかった。その旨い茶の栽培にけっこう水銀を含む農薬散布がなされていたことが書かれていたのである。むろんそれだけに父の死因を特定はできないだろうし、医学的に不確かな話だが、『複合汚染』の衝撃でえた知識は、今でも私の頭にこびりついたままである。

　日本農業が、多収穫をめざして、多肥料多農薬の栽培をつづけ、不健康、さらには有害な食品をつくり、消費させたという告発の書籍は、他にもあった。しかし、その事実を具体的な事例を挙げながら詳細に書き連ね、消費者や生産者も含めて多大の犠牲をもたらしたことと、それを推し進めた農政とその関係機関を鋭く告発したことでは、この本は他の追随を許さなかった。なかでも、あぼ兄イに鋭く刺さったのは、「日本の土は死んだ」という宣告ではなかったか。その部分を、長いが引用してみよう。

　「つちがしんでいる」という言葉ほど、農村を回っていてよく聞く言葉はなかった。
……（中略）「土が死んでるって、たとえばどういうことですか」……

「たとえばだよ、分りやすく言えば、ミミズのいねえ土のことだな。硫安かければよ、ミミズは即しすっから。ミミズがいねえとよ、土が固くなって、どうにもなんねえす。土が死ぬことは、早く言えばミミズが死んだっちことだなあ」

（新潮社　昭53年　142頁）

それから、この新聞の連載小説は、何日もなんにちもこの「土とミミズ」の話をつづける。そして、この肥料を作った科学者たちは、1グラムの土のなかに数千万から数億のバクテリアやカビが生息していて、農作物を成長させるための重要な働きをしていることに気がつかなかったと、きびしく告発する。だれでも知っており、そしてほとんどだれもがすばらしい肥料だと信じて疑わなかった硫安が、土をダメにする元凶だと、生物化学者の議論を引用しながら書き連ねられる。身近に、日常的に見もし触れもする土という農業に欠かせない素材を、これほど一般読者にもわかるようにふかく論じた本はなかったろう。そして、この作家はさらに、その死んでいる土を再生し、よみがえらせるとりくみも、和歌山での、あるいは山形での実情を交えながら、詳しく書いた。

この農園には古ワタ、古タタミ、カンナ屑、にまさる傑作があった。

「これなんですか」……「カブト虫のフンですよ……15トンあります」

（同　２３４頁）

椎茸栽培に使った廃木を餌にカブト虫を飼い、それを食べ、大量の糞を出しながら生育する。その糞に石油をかけて燃やしていたのを、もらって土に入れる。……こう具体的に書かれて、読者の心を揺さぶる作者の、なんともうまい文章である。それが創作もの探しで鋭敏になっているあぼ兄イの琴線に触れないわけがない。木工も、陶芸も、得意の竹細工も創作物には違いないが、自分の仕事場の、日々相手になっている土、その死んだ土を生き返らせることこそ、生涯にかけて生きがいとなってくれる「創造モノ」だ、と気づいたとき、ただのありきたりの農民は、本当の百姓になった。あぼ兄イの書いた略歴には、「１９８２年　農業を生業とする」とある。

確信したことを実行に移す速さでは、あぼ兄イの右に出るものは、まずなかろう。まさに走るあぼ兄イである。雑市楽座小屋のすぐ前に、１００平米のセメント製堆肥盤とそれをビニールで覆う堆肥製造所を、ほとんど自力で作った。なんでもこなす百姓のすぐれた能力が発揮された。山草、稲藁、米糠、家畜の糞など身近な有機物からはじめて、「死んだ土」に入れる肥料作りが始まった。かってつくりあげた広い交友関係からえられる情報で、廃棄に困っているさまざまな食品製造の糟も運び込んだ。ビール糟、豆腐糟などなど。運ぶことはまさに商売だったわけで、遠方でも気軽にトラックを走らせる。そうして混ぜた材料の熟成をじっくり待ち、さらに懸命に研究を重ねた。『どんびき』の75号に「あぼ兄の堆肥作り」という文章が載せられている。

「……有機物を大量に入れたからといって土はよくなるものではない。蓄《ママ》（畜）糞など未発酵のものを多量に投入すれば、窒素過剰になり作物の根を痛めることになるし、微量ヨウ素の不足を招くことにもなる。また食品などの廃棄物に含まれる有害物資の問題もある。土に住む小動物や微生物の住む環境を考えねばならないと思う……有機にこだわり、考え、行動しながら、なにか遠回りをしているような感じをもっていた……」。これは、1980年代の終わりごろの回想話である。

土にしっかりなじむ肥料は、じっくりした自然の発酵過程を気長に待つ気長さが要る。ふだんは走りまわるあぼ兄イは、しかしやっぱり百姓である。百姓は自然の循環がもつなが〜い成熟のときを待つという生まれつきの天性をもっている。そのトキをはかり、細心の注意を払い、研究を重ねながら、数年かけて、自信のもてる堆肥をつくった。周囲の悪評をじっと耐えていたあぼ兄イは、行動を開始した。まずはじめはつくりあげた土をどっさり入れた畑で、キュウリをつくった。それを販売するために、この地方でだれよりも早く、新設の中津川ー下呂間の国道バイパス沿いに無人販売所を設けた。けっこう売れたが、１００円の代わりに１円を入れる犯罪行為も現われ、社会風紀上の問題を避けるために、近所の老人を留守番に頼んだ。この成功で自信をえた彼は、再び「ほらふき」を復活させはじめた。関心を集中させるための「はかりごと」である。「秋大根と同じくらい大きい春大根をつくる」の宣言に、周りは「そりゃあ　ほらふき大根だろう」と笑ったが、翌春には宣言どおりの立派な大根がどっさり取れた。そして販売所に面白い看板が立てられた。「あぼ兄のほらふき大根　１本１００円」、その横に「ほめるともっと安くなります」と仲間のだれかがやつかみの紙片を張った。あぼ兄イは負けじと「これから百姓が面白い」と加えた。そのときの彼の自信の程が知れる。彼は大量に生産した野菜の販売で、食料の安全にとりわけこだわる名古屋の市民生協とのつながりをつくった。ついでながら、私も研究のために当時この市民生協に何かと出入りしていて、あぼ兄イとつながることになったのであった。

この土のよさは、安保家の伝来の農作物であったたまねぎ苗の栽培でもはっきり証明された。天候不順で、苗が育たず、県下一円の苗不足となったとき、あぼ兄イのところだけは立派にそだち、業者がそれを求めて集まった。そんなとき彼は周りの農家の求めに応じてただで分け与えた。また、手抜きで荒れがちな村の水田の請合い耕作組合のＦＡＳ（福岡アグリスタッフ）を組織し、利害複雑で実行困難な圃場整備を成し遂げた。

あほ兄イが「百姓」として復活に成功したそんなあるとき、坂下のまちで、久しぶりに坂下町職員の古井実さん、「みのちゃん」に会い、好きな一杯をやりながら話がはずんだ。おそらくたまねぎ苗の自慢をしたのだろう、そんなあほ兄イに、「みのちゃん」はボソッと言った、「あほ兄イは、たまねぎを作る百姓で終わるような人間じゃないわな」と。この呟きにも似た挑発の一言が、まだはっきりはしていなかった、あほ兄イの胸中の「もやもや」を、いたく刺激した。それがなにかは、ほどなくわかった。

まったく偶然にも、そのすぐ後、ある友人から『農業小学校のうた』という絵本を見せられた。それは児童文学界ではよく知られた作家の今西祐行さんが「夜遅くまでランドセルを背負って塾通いしているような子どもたちを、１日でもいいから里山に連れ戻したい」という想いで自宅近くに開校していた菅井農業小学校のことを、ファンタジックに描いた本で、農家の子どもたちが農薬に頼らず、里山の動物や土のなかの虫たちといっしょに農業の楽しさ、収穫の喜ぶさまを生き生きと描いたものだった。本を読んだあほ兄イは、時代を批判的にとらえて、農業小学校という仕組みをつくって、子どもたちに自然と農業の大事さを訴える実践に取り組んでいる人が、現にいることに感銘以上の衝撃を受けた。取引先の生協組合員の女性から聞いた、ジャガイモが土のなかで取れることも知らない子どもたちの話ともつながって、土づくりという創造の仕事をさらに大きく世間に広げる具体的なイメージがわいた。

ここでも決めたらすぐ走るあぼ兄イの行動がはじまった。きっかけをつくったともいえる「みのちゃん」を誘って、神奈川県相模原市の菅井学校へ走った。「みのちゃん」はその頃、椛の湖のオートキャンプ場の整備・監督を任されていて、あぼ兄イの胸中のプランでは、すでに農場の位置までも決まっていたように思える。しかし、まだわけがわからなくて、気が進まぬ慎重な「みのちゃん」がそれに同行せざるをえなかったのは、なぜか町役場から出張命令が出て、高速道路代金が支給されたからで、ここにもぬかりないあぼ兄イのやり方をかいま見ることができる。

「今年はコンペで勝つ」とカカシづくりに熱中

しかし、あぼ兄イはすぐ開校には走らなかった。じっくりと1年の時間をかけて自分たちなりの農小構想を緻密に練り上げていった。まるで土がじっくりと熟成するのを待つような、どうしても必要な時の間だった。「あぼ構想」はその中ではすでに役割まで予定されていた10人の仲間に明かされたが、そのなかの1人だった造り酒屋の「聴ちゃん」の記憶によれば、「これから提案することに反対するなよ」だったという。四の五のいわせない強引さにも見えるが、仲間みんなが反対できないほど練り上げられた案だという自信と仲間への信頼があったのだともいえよう。そして構想が実現に向かって動き出した。定年退職されていた鎌田先生も積極的に構想に賛成され、校長役を引き受けてくれた。椛の湖公園の近くで、もう使わなくなった桑畑の持ち主の安江登さんも気持ちよく2ヘクタールの土地を無料で貸してくれただけでなく、自らも農小づくりに加わった。桑畑を普通畑に変える作業はたいへんだったが、運転手時代の仲間の動かすブルドーザーが威力を発揮した。加えて、かつてフォークコンサート会場づくりを経験した手労働が、ここでも発揮された。そして、1993年の暮れ近く、マスコミを通じて、椛の湖農業小学校開校と第1期生の募集が世間に広く発表された。

自己改革をつみあげる椛の湖農業小学校の歴史

今、椛の湖農小は第17期生を迎えている。わずか17年足らず、「歴史」というのは大げさかもしれない。が、それでもいちばん長く続いているのがこの農小なのである。設立は菅井農小につづく全国で二番目だが、今西さんの他界で菅井農小は絶えた。ほぼ同時に滋賀県栗東町の草の根農小が開校した。

1998年11月16日の朝刊各紙に全国の農小の交流会の開催を報道する記事があるが、そのとき全国には12の学校があり、うち8つが参加したと書かれている。が、少なくとも私が知る限りでだが、椛の湖農小を除いて他の7つの現在までの存続は確認できない。農小の性格からいって、公的援助による確固たる保障がない限り、その存続はきわめて困難なのである。それを全く欠く椛の湖農小のこの存続の長さは驚異的といっていい。それを実現させているのは、参加スタッフの熱意であることはいうまでもないが、椛の湖の場合、その参加の中心メンバーがきわめて多数だったこと、そして、みんなで喜び合い、ともに苦しみ、悩み、疑問を出し合い、気軽に問題を乗り越えていく思想が、自然に共有されていたことがとくに大事である。それを強く印象づける出来事が出発して3年目に起こった。

１９９７年の元旦、数多くの年賀状をうけとったあぼ兄イは、「みのちゃん」のそれに、ぴたっと目がとまった。例年どおり、すばらしい手書きの絵と文字に混じって、「私にとって、農小の本当の目的は何か、今だにわかりません」の添え書きがあった。わかっているはずと一人合点していたあぼ兄イは愕然《がくぜん》とした。ほかに、「聴ちゃん」からは、「あぼ兄の期待以前に、自分の思うようにもできないじれったさを持てあまして」という悩みが訴えられていた。その春、あぼ兄イは比較的近い滋賀の草の根農小の視察調査を提案した。そしてそこが、いかにも小規模で、内容も貧弱、スタッフも少ないことに驚いたが、同時に参加者すべては、うちのほうがはるかに立派だという自信を得た。その誇りを示すかのように、定期機関紙『どんびき』の発行がはじまった。中心グループの本音の出し合いは、その後も一杯飲みの機会に日常的におこなわれていることは、いうまでもなかろう。

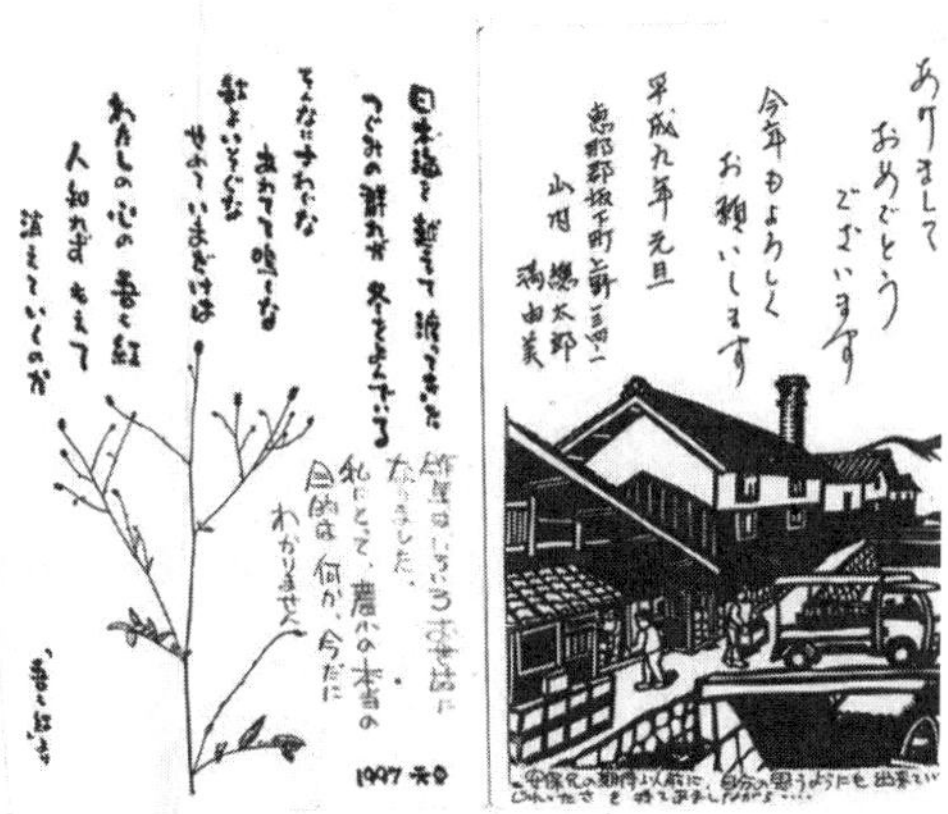

椛の湖農小飛躍のきっかけ、二つの年賀ハガキ

参加する生徒の親が運営に参加することも、農小持続の大きな原動力であった。椛の湖農小の生徒募集の基本方針は、都市生活のなかで、土や農をほとんど知らない子どもたちへの農教育である。それは地元の子どもたちでさえも必要なほど、農村の子どもと農は隔離されがちだが、必要度は大都市の子どものほうがはるかに高いからだ。また地元での募集では参加者がすぐ限界に来るという判断もあった。そのため生徒の大部分は名古屋市内やその近隣住民ということになる。マスコミ、市民生協などをつうじて参加する家族は、農小の趣旨に高い価値を認めるものばかりで、とりわけ熱心なのは母親である。が、そこでどうしても必要となるのは、参加のための足の確保であり、そのおもな役割は父親となる。月の休日のうちの1日の協力はさして負担ではない。農小の意味はあまり感じないが、みどり多く空気も新鮮な田舎で過ごす一日もいいことか、と1時間前後の運転をうけもってくれる。となれば参加者は、家族全員。幼児、なかには乳児を抱く母親も見かける。はじめは集ま

りにも加わらず、クルマの中で、あるいは離れた畑の端っこで手持ち無沙汰なときを過ごしている父親も、たどたどしい子どもたちの動き、サポートの母親の要領の悪さなどにいらいらし、つい手を出し、やがて面白くなって、何かと熱心に協力するケースも増える。炊事場の大変さを見かねて協力する母親もでてくる。いつの間にか親も臨時のスタッフに、そして専任のメンバーに加わり、農業への関心も高まっていく。思わぬ、いや思いどおりかもしれない農小の実績となる。親がどんなに農小を楽しんでいるか、文集に載った母親の文章を、少々長いが、掲載したい。


田植えのとき、子ども達はおたまじゃくしやカエルを捕らえるのに懸命。

そんな子どもに、私は「ちゃんとまじめにやりなさいよ」と注意。

それでも聞く耳持たない子ども達に「やんなちゃうなー」なんて思いながらドロドロの田のなかへ目をやると、動くものがいます。そうです、図鑑でしか見たことのないゲンゴロウです。「やったア、捕らまえなくっちゃ」

向こうにいる主人を待っている場合じゃない、私が捕まえるぞー
ドロドロの中に手を入れ、足をふんばって、捕らえた。「やったー、株が上がるー」

なんて自分をほめていると、手の中でゲンゴロウが動くのです。「ぎゃー」

捕らえていた手を開いてしまいました。必死でまた手を伸ばしたそのとき、「ドッボーン」　私はドロドロの田のなかへ足を滑らせてんです。それでもゲンゴロウはしっかり捕まえたのです。　私でなく、主人が。「わー　お父さんありがとう」と、子ども。「私の立場はどうなるの！」でも、ゲンゴロウに会えて、うれしかったんです。

甲虫競争。子どもの眼の輝きがすばらしい

新たな都会の参加者は生徒の親だけではない。『どんびき』の60号（２００３年４月）に鎌田校長の「ありがとう」と題した一文がある。「……入学式が滞りなく終わったとき、小柄な女子中学生が私の前へきて、『私はこの学校を昨年卒業した○○です。今年からはスタッフとして働きたいと思っています』。……私は心うたれ、心がいっぺんにひろがって希望がわいてきました」と書かれている。この感激の思いは農小関係者全員のものだっただろう。小さな子どもの感激が大人に伝わり、大人の思いが生徒にも伝わる。そんな農小集団が見事に形成されていった。

農小の運営のなかに、そんな親たちの意見も入れようと、企画についての提案もおこなわれていく。1999年、第6期の栽培計画の中に、一人の生徒の父親の提案で、ジャンボかぼちゃをつくり、名古屋市農業センターが主催するジャンボかぼちゃ大会に出品し、優勝賞金5万円をもらおうという案が採用された。しかし、ここ坂下ではその経験がないのか、あるいはさして力を入れなかったためか、成績はかんばしくなかったようである。それについての『どんびき』の記事がないし、文集にもそれにふれた作品はない。ところがどうしたことか、6年目に、「第1回ジャンボかぼちゃ大会に出品以来6年目の挑戦」として、あぼ兄イが「3月の授業日から堆肥を入れ、さらに4月にはその周りにも入れるなど、今年の意気込みはすごい。」（『どんびき』72号）と書いている。それまでの挑戦は、たいした実績ではなく、そのためにハッパをかけられたのか、やけに力が入っている。しかしやはりカボチャの栽培に自信がなさそうで、あの「ほらふき」は「だが、かぼちゃにとっての最良の土作りに

一農小生の描いた稲刈りの絵

なっているかは、ちょっと自信がない」といつになく弱気であった。土への誇りの裏返しの表現だろう。その年は雨が多く、期待はずれの収穫だった。が、意外にも出品したかぼちゃが1位となった。ほかの出品者のカボチャはもっと成績が悪かったのだ。その期の栽培成績報告の中で、詳しい結果が記載されている。

第6回名古屋ジャンボカボチャ大会報告
　日時　9月12日
　場所　名古屋農業センター

今年は、8月下旬から降り続いた雨のせいで、みんなが楽しみにしていた大本命のジャンボカボチャが腐ってしまい、がっかりしながら出品した65・9kgの生き残りカボチャ。これがなんと、見事に優勝。どこのカボチャも長雨には勝てず、腐ってしまったのだそうです。生きていることが大切です。みんなも、雨にも負けず、風にも負けず、丈夫な身体と心を持ってがんばろう。
副賞の金5万円也は農小の備品購入に使わせていただきます。ありがとうございました。

やっぱり、あぼ兄イ作の土はすごい力をもっていた。そして、一父親の提案の実行で、農小のみんなが力を出し合い、興奮しながら栽培にとりくんだ成果は偉大で、マンネリにおちいりがちな農小に、活気を入れることとなった。

この期の「卒業文集」には、奇しくも、マンネリ、変化についてのスタッフの声が同じ「農小を変える」の題で二つ載せられている。

古井　実

「マンネリになってはいけない」と言いながら、「マンネリもまた大事なこと」と言ってここまできた。

しかし少々、意欲が薄れてくることは間違いない。

何か、自分も楽しめる、変え方はないものだろうか。

山内聰太郎

十年の経験は、確かに『力』ではあるが、みんな十年歳をとって、変わらない想いについてゆかない馬力のおとろえはいなめない。

昨年は、十年たったからやめるのではないかという声もあったが、続けて欲しいという多くの声で、十一年目をやってきたが、反省することの多い一年だった。

来年は、農小を変える。少なくとも農小を変えていく準備に入っていく年にしたい。

それから5年、どう農小は変わったたか。ちょっと見では、基本的にどこも変わっていない。聰ちゃんが考えた構想もあったが、諸制約で実現していない。はっきり変わったのは、農場の位置である。それまで営林署の育苗施設が廃止となり、きちんと整備された広大な土地と立派な建物などが、坂下町に移管された。椛の湖農小がその広大な土地の一部と、それまでとは比べ物にならない立派な建物を利用できるようになった。それらはなだらかな丘の最上部にあった。『どんびき』の79号に、「丘の上の校舎」というあぼ兄イの文章が、これまでの校舎への哀惜と感謝、新しい校舎への夢と期待を伝えている。

（古い）農小の看板を降ろすときに、ユンボを使っての、大きな桑の根っこ抜きから始まった整地作業に参加してくれたり、机、イス、台所用品、大きな鍋などの道具類の頂き物を集めてきてくれたり、「椛の湖農業小学校ののぼりを染めたりと、ほとんど自分たちの手で農小を作り上げてきてくれた多くの仲間たちの顔や、いろんな思いが浮かんできて、一抹の寂しさと、熱いものがこみ上げてきました。……

（新しい）自然公園の畑に立つ時、こんな思いもあります。ある友人が「ドラマ『北の国から』とあぼ兄の生き方が似ている」といって紹介してくれた。それ以来富良野に行ってみたくなり、やがて同級会の旅行で行くことができた。ガイドさんに質問した。……北の家族は、倉本さんは……。ガイドさんは翌朝調べてきたメモをくれた。『あなたは文明に麻痺していませんか、車と足と、石油と水と、知識と知恵と、理屈と行動と、批評と創造と、どちらが大切ですか』。倉本聡氏が富良野塾を開こうと考えたときに手帳につづられたものだそうです。……感動して眺めた富良野のなだらかなスロープ一面のラベンダー畑の光と影は、椛の湖自然公園とダブって思えてならない。富良野に似ている湖のすばらしい場所で、作物を育てながら、いろんな体験をしてほしい。新しい農小の畑を耕しながら、あぼ兄は口づさんだ。

高石ともや「丘の上の校舎」

背よりも高い草原を　駆け抜けて
いつも唄ってた　子どもの頃
思い出を　色に塗れば　明るい緑
思い出を絵に描けば　丘の上の校舎

この一文は、11年の農小を、あらためて1年目から再出発させるかのごとき印象を与える。この椛の湖農業小学校は表面的には変わらないようでも、内容は日々新たな姿を見せている。この変化と不変化をつないでいるのは、この土地はかけがえもないすばらしいところだという熱い想いである。そして、仲間といっしょにもっとすばらしい土地にしたいという創造への希求である。

卒業式風景

10期生の『卒業文集』の最後に、書き手の名前がない文章がある。農小の10年を振り返って改めてその成果に感動したスタッフの一員のもので、私には書き手を想定できるがあえて言わないままで、紹介しよう。

……子どもたちは、種の小ささに、野菜や雑草の成長に驚いたり、田んぼの泥の温かさや畑の土の不思議さに感動する。農作業よりも虫やカエルやイモリに熱中したり、水溜りで泥遊びにふけったり、半日でも焚き火についている子もいる。……

親さんたちは、子どもたちのグループの手入れを手伝う。共同の畑の手入れをする人、スタッフと一緒に収穫物を別けたり、作業の段取りをする人、炊事ハウスで調理に参加する人、もちろん幼児のお守をの人も、何もしないでボーッとしている人もいる。私たちは、親も子も「やりたいことを自分で見つけてやる学校」のつもりでいる。子どもたちの言葉では「何をしてもしかられない学校」だそうな。子どもたちや親さんの笑顔に勇気づけられて、10年目まで続けてこられたし、私たちの農業をやっていく「力」にもなっている。……「嫌いな野菜が農小で好きになった」「持ち帰った野菜はスーパーのよりうーんとおいしかった」「ネギのほかは野菜の名前も知らなかったお父さんが、野菜や農業について語るようになった」などと聞くたびに、嬉しい。特別な解説をしたりするわけではない。皆が調べたり、話し合って「農」や「食」に関心を高めてもらっている。親が「たがやす」ひとでないと、子は「ひとねられない」。（「ひとねる」は育てるの方言―引用者注）

地元のお年寄りたちは、「先生」と呼ばれることに照れたり、とまどったりしながらも、自分自身の楽しみ、やりがいとしてやってもらっている。野菜の食べ方を教えたり、ものづくりの時間などでも先生方の出番は多い。子どもたちも親さんたちも、先生方の人柄にふれて、自然のなかでのくらしぶりや、生活の知恵を知ってもらえたらと思う。若い親さんたちが、「わたしたちも先生方のような人に伝えられるものを持った年寄りになりたい」といわれていたのが印象的だった。

この農村のスタッフたちは、都会の農をまったく知らない親子へのボランティアの作業をつうじて、己れの生きがいを充実させているのである。この書き手しらずの文章は、さらにつづく。事実を見ながら少しずつ変わっていくさまを書いている。

始めた頃は、「鳥や動物たちの分のすこしは作ってあるから」とノンキにかまえていたのだが、近年イノシシが出るようになって、去年はたまらず、電気牧柵で囲った。感電注意の立て札といっしょに「イノシシさん、ごめんなさい。タヌキさん、ごめんなさい」と書くことになった。無農薬栽培のゆえに、その分、管理をされる先生方にはよけいにご苦労をかけている。農業の「一の肥」（いちばん大事なこと）は「毎日見てやること」だと心得ているが、農小では無理な話。そこでバケツ稲、プランター野菜、カボチャのポット苗づくりなど、家庭で観察できる取り組みもしている。

畑で採り残した野菜は、そのままトウを立たせて見せる。ダイコンもハクサイも花が咲いて種ができるのを見せる。私たちは野菜を育てているといいながら、野菜の命を全うさせているわけでなく、野菜の命をもらって、自分たちの命をつないでいることを話している。……将来、「命のつながり」「自然とのつながり」を考える大人になってほしいと願っている。

椛の湖農小は、現実をじっくり見ながら、着実に、しかも巧みに変化をとげつつあることを確信させる文章である。しかし、この意義ある農小がさらに持続していくために心せねばならない、もうひとつの避けられない変化にも直面している。生徒とその親はつねに入れ替わる。しかし、それを迎える農村のスタッフは、年々歳々加齢する。そして、引退を余儀なくさせる。新たなスタッフをどう確保するか。事実を見れば、かつての卒業生の親、また卒業生自身もスタッフに加わるケースもある。古い卒業生の父親で、ずっとスタッフとして活動しているＭさんやＯさんらは、今や農小に欠かせない人たちだ。が、月一回の通勤スタッフでは、意欲と意義はかうとしても、やはり心もとない。農小は農村と都会の交流の場であり、都会人の出張農業の場ではない。地元に住み、あるいは企業を定年退職して移住し、ここで農への新たな意欲を燃やす人も要る。地元の農家への働きかけが、もっともっと必要だと思われる。

望ましい新たなスタッフも生まれている。東海の有名企業に勤め、名古屋と東京を往復するように転勤を繰り返して定年を迎え、あこがれの田舎暮らしを福岡町ではじめた夫婦が、まちの文化活動に加わるうち、勧められて農小スタッフに加わった。婦唱夫随で、二人ともである。

どちらとも農小のあり方にいろいろ夢も希望も持っている。今のところそれを声にするまでには至っていないが、少しづつ変わるスタッフ仲間の雰囲気で、新入スタッフの夢が大きな議論の対象になっていけるのも遠くないと思いたい。こうした新たな顔が、次々に出てくる可能性も感じられる。その可能性を、現実に変えていくことは、どんなに早くても、早すぎるということはない。どんなに大きな努力でも、大きすぎることはない。

広がる「椛の湖農小」のエネルギー

三つの姉妹校

椛の湖農小のすばらしさに感激して、うちも是非やりたいという火の手が上がった。火付け役は、信州大学で長年農業問題を教え、かつ実践し、定年後は風土舎を主宰して、農村の村づくり・人づくりに奔走して信州の宮沢賢治といわれてきた故玉井袈裟男教授だ。たまたまあほ兄イが自分の地域の村づくりグループで講演を依頼したのが縁で、椛の湖農小のことを知り、見学した教授が、名古屋に住む孫を入学させ、学校の雰囲気にしばしば触れるようになり、そのすばらしさを深く感じて、各地の村づくりグループの中で紹介した。それらからの見学も頻繁にあり、共感が広まった。時あたかも、学校教育のなかでゆとり授業が重視され、小学校で総合教育が試みられるようになった頃で、行政の支援もあって、三つの地域の農業グループが独自に農業小学校を立ち上げた。まず、２０００年、松本の「桜柿羊《おうしよう》の里農小」、２００２年に高山市国府町で「荒城《あらき》農小」、そして２００５年に「信州すざか農小豊丘校」と、三つである。この4校は、年1回の交流会を持ち回りで開催するなど頻繁な情報交換や相互激励をおこなって、それぞれの農小活動を盛り上げてきている。以下は、三つの姉妹校の自己紹介である。同じ目的に向かって同じことをしているが、それぞれ特徴があって、面白い。

・桜柿羊の里農業小学校

「桜柿羊の里農業小学校」は、里地里山景観／農村文化の再生を目的として「桜柿羊の里農事組合」が実施している地域活性化事業のひとつとしておこなわれています。所在地は長野県松本市の洞《ほら》地区で、今年で第10回目の開校となりました。洞地区は典型的な里地里山地域で、近年は鹿やイノシシの食害が発生しております。

農業小学校設立の目的は、地域の核家族化した子育て世帯に農業体験の場を提供して、当洞地域活性化の一助にしようというものですが、今までお世話になった故郷松本への恩返しの意味もあります。設立に当たっては故玉井袈裟男先生の熱心なご指導をいただきました。

桜柿羊の里農業小学校は4月から翌年の3月にわたっておよそ月に1回から2回の割合で開催しています。参加者はその日の都合により遅刻や早退は自由です。参加は家族単位で最近は30家族前後で推移しています。洞地区に隣接する松本市東山ブロックよりの参加がほとんどでリピーターと新規参加の割合は半々といったところです。参加家族の子どもの年齢は低く、保育園、幼稚園、小学校低学年が多いです。これは小学校中・高学年になると習い事、塾、部活に時間をとられるようになるからだと推測されます。

運営スタッフは桜柿羊の里農事組合員、信州大学里山ボランティアサークル「洞楽村」の皆さん、桜柿羊の里農業小学校の趣旨に賛同する一般ボランティアの皆さんと多様なメンバーで構成されます。

桜柿羊の里農業小学校の特徴は、お昼ご飯が提供されること、参加者が多世代（3歳前後から80歳前後）にわたっているので昔の農家の囲炉裏端さながらの多世代交流ができること、桜柿羊農事組合が通年飼育している羊との触れ合いができることです。とくに4月下旬の入学式は生まれた羊の子どもがかわいい盛りで大変な人気です。

栽培作物は米、ねぎ、ジャガイモ、ダイコン、白菜で、圃場は2箇所に分かれています。その他に桜柿羊の里水辺公園の一泊キャンプ、主に美ヶ原周辺のハイキング、農業機械工場の見学、スキー、日本三大火祭りの一つに数えられる「浅間温泉たいまつ祭り」への参加、しめ飾り講習会、暮れのしめ飾り、干し柿、切り餅の販売体験、竹細工、羊毛細工などを実施しています。

連絡先　桜柿羊の里農業小学校事務局　赤羽光男

電話　０２６３−４６−２７６４
携帯　０９０−５２００−２７６４
Ｅメール　akahora@matsumoto.ne.jp

・荒城農業小学校

荒城農業小学校のある高山市国府町は、飛騨地方の中央に位置し、古くは飛騨地域における「国府」の所在地といわれ、安国寺の国宝「経蔵」をはじめ、文化財も多く、歴史と文化の町です。

この高山市国府町には、中山間地域総合農地活性化整備事業で整備した施設「荒城農業体験交流館」があり、この施設を拠点にして「荒城農業小学校」の活動をしております。

荒城農業小学校は、平成14年に学校週５日制が実施され、子どもたちの休日の過ごし方が問われるなか、旧国府町（現高山市）が事業主体となって開校しました。

開校当時は旧国府町の小学校の小学生を対象としておりましたが、平成16年度からは「飛騨の農業小学校」を目標に、飛騨地域全域の小学生を対象にしています。また20年度からは高山市の指定管理者　飛騨農業協同組合が運営管理し、飛騨地域の全小学校を通じて募集チラシを配布し、多くの子どもたち（定員80名）が集まってきており、子どもと共に保護者の交流の場となっております。

［荒城農業小学校設立の願い］

1．子どもたちの生きる力を育むため、農業が教育の体験学習にもっともふさわしい場として位置づけたい。
1．子どもたちに農業の楽しさや苦労を学ばせたい。
1．子どもたちに農業を通して、食料にたいする感謝の気持ちや正しい食生活を養いたい。
1．子どもたちに豊かな自然や受継がれてきた生活習慣をとおして、里山の文化を継承していきたい。
1．親子や異年齢の交流を通して、仲間づくりと心の絆を深めたい。

荒城農業小学校は、子どもたちに農業体験を通じて、働く喜びや食にたいする感謝の気持ちを体験すること、豊かな自然や受継がれてきた生活習慣をつうじて里山の文化を継承していくことを目的にしています。

授業内容は施設周辺の農地を借用して体験圃場として、多種多様な野菜（約20種類）を作付けしており、4月~翌2月まで年約15回開校し、農業体験だけでなく、収穫した野菜の調理実習またしめ縄づくり、花餅づくり、近くの文化財への遠足など、飛騨の文化や歴史なども折にふれ子どもたちに伝えています。又、スーパーの店頭を借り、子どもたちが収穫した野菜の販売体験

（年2回）もおこなっております。指導は、地域の農家の人たちに［農家先生］として参加してもらい、田・畑仕事の指導をおこなっていただき、また農業小学校の企画や運営にたずさわるスタッフは、一般に募集したボランティアスタッフに協力いただいております（20～50代）。

さらに飛騨農業協同組合の運営管理になってからは、JAの営農指導員から子どもたちに作物の育ち方などについての話をしてもらったり、最近では地元の飛騨高山高校の生徒たちが、子どもたちと一緒に田んぼや近くの川に住む生き物調査を実施し、環境を学ぶ場も設けています。

連絡先　荒城農業小学校　荒城農業体験交流館内
509-4102　岐阜県高山市国府町八日町651-12
電話　0577-72-1066　Fax　0577-72-1067
E-mail　araki123@hidatakayama.ne.jp

・信州すざか農業小学校豊丘校

信州すざか農業小学校豊丘校は、子どもたちの健やかな成長に欠かせない自然・体験活動の不足を補い、子どもたちが逞しいし想像力などを身につけることを願い、総合・自主的な体験活動の場として、平成17年4月に開校しました。

農業小学校開校に当たりましては、須坂市の出身であります玉井袈裟男先生にたいへんな世話になりました。どのようにして、農業小学校を運営するのか、初めてのことでわからないことばかりでした。玉井先生にいろいろなことをご相談しました。又玉井先生のご紹介で、岐阜県高山市にあります荒城農業小学校へ視察に行き、運営について学びました。無事、信州すざか農業小学校豊丘校を開校することができたのは、玉井先生のお力添えがあったからこそと思っております。心より感謝いたします。ありがとうございました。

さて、平成22年度の農業小学校は、66人の小学生を生徒に迎え、ボランティアで子どもたちの指導に当たる26人の農家先生の皆さんにより運営されています。また、信州大学の学生さんや須坂園芸高校の生徒もボランティアで参加しています。

農業小学校は畑や田んぼが教室です。黒板や机・イスはなく、大地が子どもたちの先生です。授業は、年間を通じて18回（月２回程度）おこなわれ、田植え、稲刈り、脱穀、野菜の苗の植え付け、収穫などの授業をおこないます。収穫した材料で、お焼きを作り、ソバを打ち、ひんのべ交流会、餅つきなどを経験したり、伝統行事の御射山《みさやま》祭についても学習します。また夏の遠足として、レンゲツツジの花がきれいな五味池破風高原の散策にも出かけます。

こうした授業を通じて、食べ物にたいする感謝の気持ちを育むとともに、異年齢の子どもたち、保護者、地域の大人がそれぞれ交流しながら、仲間づくりや地域連帯感を養成しています。さらに、自然や地域文化に触れることにより、ふるさと須坂の良さを再発見することにもつながっています。

事業に参加した子どもたちからは、「学校では教えてもらえないことをたくさん勉強できてよかった」「楽しくできたし、友達もたくさんできた」「今まで嫌いだった野菜が食べられるようになった」と笑顔を見せています。子どもたちは学校では体験できない貴重な体験を通じて、少しづつ生きる力を身につけています。

また保護者からは、「1年間で、参加した子どもがたくましく成長した」「自分自身も稲の生育過程を見たことがなかったので、勉強になった」との感想が寄せられています。これからも地域や農家先生にご協力いただき、農業小学校を継続していきたいと考えています。

連絡先　382―8511　長野県須坂市大字須坂1528　須坂教育委員会内
電話　026―245―1400（代）　Fax　026―248―9027

地元福岡町での桃の湖農業小学校の存在は、地域外への農小設立にとどまらず、農業・くらしづくり　地元の農家・さらに広く住民をまきこんで、農村の多様な楽しいくらしグループを生み出している。**好辛倶楽部**と**「さんさコンサート」**をあげておきたい。

好辛倶楽部のしかけ人はやはりあぼ兄イである。玉井先生から、「田んぼを大きくしても村づくりにはならない。みんなが村で暮らしを楽しむこと」という極意をもらった彼は、前から暖めていたいたずら心からの企画を立ち上げた。地元でみんな栽培しているが誰もほとんど気にもしなかった「アジメコショウ」という辛さ抜群のトウガラシをこの地の大看板にしようというものだった。あぼ兄イの家の前にある日本三大に数えられる庚申堂《こうしんどう》にちなんで、「好辛倶楽部」。たまたまテレビ出演で知己を得た俳優で、有機農法に熱心、くわえて辛いもの大好きという川津祐介さんを担いで発会したが、それもあってか大当たりで、地元の唐辛子ファンを中心に、たちまちのうちに100人近くの賛同をえて大いに自信をもった。とりわけ熱心な同志10人ほどで、全国の唐辛子話題を尋ねて走り回り、チャンスを得てフランスの地方町、ついにニューヨークでアジメ入りアイスクリームを試食させるなど、大いに気を揚げる一方、せっせと地場特産作物としての産地づくりに励んだ結果、農水省の地元機関が「アジメコショウ（唐辛子）文化を中津川から海外へ発信」の見出しで編集して機関紙に掲載するまでになった。もちろん各種メディアも競って取材し、副知事や市長も訪れてエールを送るなど、小林銷男さんも事務長役で唐辛子入り食品の開発の陣頭指揮で大わらわだった。そして飛騨・美濃伝統野菜16のうちの一つに選ばれ、商品登録したカレー、ケチャップのほか、うどん、味噌などアジメ入り商品を世の出すまでになった。もっともその量は評判ほどでもなく、もちろん利益はあがってはいない。しかし、この仲間グループの集まりはいつも話題と爆笑が絶えない。講演依頼で多忙なあぼ兄イは、「地元で精出して育てたアジメコショウはまたとない人間接着剤、そのグループの力でここまでのことができる」と胸を張るだけのすばらしい活動である。設立10年を迎えた2008

年には「全国唐辛子産地大会」を40年前のフォークジャンボリーにちなんで「全日本唐辛子ジャンボリー」と銘打って、市の肝いりで庚申堂の近くに新設された「生き生き会館」に320人を集めて開催した。好辛倶楽部会員はついに500人を突破した。

連絡先　581―0202　岐阜県中津川市下野1488　安保洋勝
電話　0573―72―3157　Fax　0573―72―3230

「さんさコンサート」はフォーク好きの山内總ちゃんが中心の企画である。椛の湖農小の事務長の彼は村の小さな造り酒屋で、「日本一小さな酒蔵」と誇るだけあって、蔵人は夫婦2人だけ。酒造規模は三〇石にすぎないが、代々造り続けている「小野桜」は深い味わいの銘酒である（もっとも私は4月ごろの二番しぼりでつくるにごり酒「さくらさくら」の方が好みだが）。『全国清酒地酒大名鑑』によれば、銘柄の由来は酒蔵のある地名「小野沢」と、蔵の裏山にあった桜の巨木にちなんだものとあり、「さくらさくら」の銘柄も納得だが、土地の人には3月の新酒の出荷が待たれる酒である。

その3月はまた農小の開校式をひかえた時候でもあることから、かつて全日本フォークジャンボリーを立ち上げ、それ以降、「地元でフォークを」にこだわりつづけて、いまだに定期演奏を開いている二つのフォークグループ（坂下の「我夢土下座＝カムトゥゲザー」と付知の「土着民」）にステージを提供する一方、新酒の出来をみんなに味わってもらいながら、今年の農小事業や好辛倶楽部のありようを、そしてもっと大きな社会への不満と夢を語りあってもらおうという企画を考え出した。名づけて「さんさコンサート」である。「さんさ」は酒蔵の通り呼び名の頭コトバでこの場にぴったりの名称である。

地域でここ何十年かなじみ、いろいろな分野で地域を盛り上げ、楽しみつつ、意気の上がらない大都会のすさんだ空気を吹き飛ばし、これからの活動のハズミになるようにという この企画が出発して12年になる。その夜はいつも静まり返る蔵の周囲は大繁盛で、数百人の人の集まりとなる。日本のいなかもこんなに元気かと、びっくりする賑わいで、伝統の祭りとはまた違ったあらたな将来が垣間見えるような気分に浸ることができる。そのなかでさらに次の仲間グループがつくられていくのだろうか。

連絡先　５０９―９２３１　岐阜県中津川市上野１４３　山内總太郎（椛の湖農業小学校事務局）
電話　０５７３―７５―４４１７　Ｆａｘ　０５７３―７５―４４１８

第2話　地域をほりおこす「ひなたぼっこ」の福祉力

21世紀の福祉労働を目指す小さな事業所の大きな試み

介護を必要とする村への変化で、急きょ生まれた「ひなたぼっこ」

小規模宅老所として、２００１年の秋、急きょはじめられた「ひなたぼっこ」が在る岐阜県東濃の蛭川《ひるかわ》は、平成の大合併で中津川市に吸収合併された２００６年度まで、明治以前からのいわゆる旧村一村のまま、村として明治、大正、昭和と存在しつづけた稀有な小村であった。昭和の大合併が進められた１９５４年（昭和29）に、岐阜県の強力な指導で、村議会は隣の恵那市との合併を決めたが、多数の村民の強力な反対運動でそれをひっくり返した歴史があった。それほどまでに強い合併拒否が起こったのは、村の大部分の山林のなかに広大な共有林があり、林業労働からの収入が村人を豊かにするだけでなく、村財政をも潤していたことと、村南部に広がる、全国的にも有名な花崗岩採石場からの所得が得やすく、自立傾行が強かったからではないかといわれている。このことは一面で村の閉鎖性を示すものではあったが、逆に共有林管理のための共同作業を通じて、むら人たちはくらしのあらゆる場で、「共同の和」を大事にする気風を育ててきたともいえる。いわば典型的な旧い地域コミュニティが色濃く残されていた。

表3-1　中津川周辺農村の人口変動（1950～2005）

	人口減	就業者増減	高齢者増
蛭　川（都市近郊）	0.79	1.03	3.18
加子母（都市遠隔）	0.71	0.75	2.94

そんな蛭川村が、1960年代、高度経済成長の過程で一挙に崩れていった。これまで村の豊かさを支えてくれた林業は、木材価格の暴落で壊滅し、共同の作業も次第に有名無実化し、村民の空気を変えた。自立できるほどの農業はなく、もっぱら収入をまち場に求めざるをえなくさせた。さいわい、蛭川は恵那市に隣接し、東濃一円での都市的就労へのアクセスはよく、またJR中央線や中央高速道で、短時間に名古屋圏ともつながる位置にあった。過疎問題が深刻化するなかにあって、ここも、戸数減、人口減はあったが、まわりの中山間地帯ほどではなく、むしろ住みやすい農山村として、都会からの転入者も散見できる状況すらあった。村ではかつての共同の気風をながく体験しつつも、都会に通勤して働き、身につけた新しいくらし方やその思想に影響された中高年層が急増するなかで、より積極的な村づくりの必要を感じる人びとも少なからずおり、それらが相互に交流しはじめていた。「ひなたぼっこ」が誕生する地域の

背景事情である。中津川市街地との距離の大きい加子母《かしも》村（旧）とくらべた表３―１の数字は、そうした状況をいくらか示してくれる。蛭川では農林業就労者の激減のなかでも総就業者は増加し、挙家離村は少なく、高齢者は家に残されがちである。都市へ通勤しにくい加子母《かしも》では、老人も含め離村する傾向がわかる。

「ひなたぼっこ」設立グループの中心になった斉藤啓治さんは、名古屋の市民生協に勤め、とくに福祉・介護問題の担当者としてこの分野に集中してとりくんできた経歴が長かったが、家庭の事情で妻久子さんの生まれ故郷の蛭川村に居住を移したのは２０００年の早春だった。生きがいコープ東海の機関紙に、「何といっても人生は一回こっきり。私は、思い切って自然を満喫できる「田舎」へ引っ越しました。移転して十年余、肩の力を抜いて、ゆったりと暮らせるのが「いなか」でした。「寒い？」とか「不便では？」なんて、周りの声もいろいろありましたが、肝心なことは、自分の生き方そのものだということがわかってきました。地下鉄の轟音やスーパーの派手さよりも、ウグイスの一声や川の流れの方が、私には、ずっと価値があるように思えたものでした」と投稿している。それまでの騒然とした都会ぐらしとはまったく違う山村の雰囲気にすぐになじんですっかり気に入り、名古屋への通勤はちっとも苦にはならなかった。とりわけ、早春の山野を白く彩るシデコブシと初夏に雪帽子が木全体をを覆うように咲くこの地方固有の珍木ナンジャモンジャの風景は魅惑的だったと、私も直接聞いた。

が、啓治さんはすぐに、新たな自分の天職が蛭川にあることに気づき、大都会とは違った多忙な日々を送らざるをえなくなった。村では斉藤夫妻よりも早く、名古屋の育児保育所での保母経験をもつ久子さんの妹、林あき子さんが帰村し、また恵那市で会社勤務の経験が長かった小可部優子さんがおり、大学で福祉を学んだ久子さんも交えて、折につけ集まり、「学童保育をやりたい」「いや乳幼児保育だ」とか「一人暮らしの家への配食はどうか」などなど語り合っているうちに、村の状況からいって、「老人介護」がいちばん必要であることの共通理解をもつようになったが、それは福祉・介護政策の知識と実践に長けた啓治さんの参加を必要とする分野だった。こんな方向を見定めながら近くの知り合いに少しづつ話を広げ、やがて1年もたたないあいだに15人にまで増えた話しあい仲間の中心に啓治さんは据わらされることになった。こうしてじっくり村の介護情報を交流しながら、やがてまとまった「ひなたぼっこ立ち上げグループ」が発足したのである。

ところで、蛭川村では、高齢者をめぐる村生活の変化に敏感に反応して、高齢者介護事業にとりくみ、当時としては岐阜県でも先進的に立派な温泉なみの入浴設備を備えた介護施設を運営し、近隣自治体からの視察者も絶えないほどであった。村営のために利用料も低めで、デイサービスはもちろん、入浴サービスだけでも利用できるなど、村人の評価も高かった。しかしグループの耳には、必要なときに使いづらいという一般とは違った声も聞こえてきていた。また介護保険という新たな制度が始まり、これまで以上に介護希望者が増加し始めていたが、その人たちの、「立派な施設よりも身近で気軽に利用できるところがほしい」という声を多く耳にした。なによりも一家の若い働き手が村外で仕事を探さねばならなくなったという事情があり、さらに新たな介護保険制度が発足して、介護にたいする村人の意識も変わっていくという村民生活の変化があった。そこでグループは早速、地域で新しく始まったばかりの「介護保険制度」の勉強会に加わり、2001年4月をめざして、デイサービス事業所を開設すべく、「介護保険施設認可申請」を出すことを決めた。その当初は、「せっかく村がいい施設をつくっているのに、何故それに水をさすのか」などといった役場の声がないわけではなかったが、逆に、そのうわさを聞きつけた知人のなかには、「そんなところなら、今すぐつくって」とか「おばあさんがぼけちゃって、1日でもいい、2日でもいいからすぐ看《み》てほしい」といった声がでて、親類から譲ってもらった築百年以上という古民家の改修をともかく急ぎ済ませ、秋からでもとりあえず、認可以前に宅老所としてはじめようということとなってしまった。

たしかに当初は、「こんなに急がねばならないほど、身近で細やかな介護需要に対応できない蛭川の介護事情なのか」という疑問がないわけでもなかった。が、事情を調べれば「確かに必要だ」ということにならざるをえなかった。上記のように、蛭川はむしろ東濃はもちろん岐阜県でも先進的ともいえる介護事業にちからをいれた村だった。もう何年も前から、「やすらぎ荘」という立派な村営施設がつくられ、「社会福祉協議会」という半ば官制の福祉法人がその運営を任されていたが、そこの資料によると、デイサービス分野では登録者86人、月平均410時間（2001年実績）という事業展開をおこなっていた。しかし、こうした大規模施設にもかかわらず、介護に当たる職員の数は極度に抑えられていた。介護職員は専任7名、非常勤2名で、ほかに他業務をこなさねばならない看護師3人を加えても、こうした利用者数の多さに対応できる状態ではなかった。当然介護は画一的機械的とならざるをえず、いわばあずかって寝かせ、休ませるだけになりがちで、いわんや緊急時必要の臨時的な要請にはまったく対応できなかった。必要なとき、心易く、きめ細かに対応できる「小規模、個別対応」可能な施設が痛切に求められていた。その要望の強さが、緊急の宅老所開設をかくも急がせたのである。

あんきが広がるひなたぼっこ

　古民家は自分の家にいるのと変わりない、「きっとばあさんも安気《あんき》で1日を送れる」という期待の大きさは、必要資金が準備できるのを待てずに、早々に改修工事をはじめさせた。知己の建設会社の社長は、「困った年寄りを世話してやるというようなおこがましい気持ちでなく、自分も何時かは世話になるという謙虚さではじめるなら、応援してやる」と破格の値段で工事を引き受けてくれたし、１８０人にものぼるボランティアさんの、真夏の暑さの中で汗とほこりにまみれながらの懸命の作業には、涙がにじみ出るほど感激したと、あき子さんは記録に残している。ボランティアの中心には大工仕事のベテランの彼女の夫君の姿もあった。そうしたなかで、この事業に賛同する賛助会員を中心に、１０００万円余の資金が集められた。そこには、村内や近隣各地のお祭りや行事会場でのスタッフによる出店で稼いだ利益金も含まれていたが、いいことには協力するよといった周辺の人々のなけなしのカンパがつもりつもったものである。こうした事情を聞いて賛助会員も着実に増えた。自助活動を中心に、かつての村の共同の心が、この新しい場面で再びよみがえったようであった。

かくして、正式発足を半年も早めてその年の文化の日、ミニディ宅老所は事業を開始した。内覧をかねた開所祝いには38人の人が集まった。

「あんたらの熱意には感心した。できるだけ力になっていくよ」

「無謀なことやってのける、生きがいだでできる。オレも覚悟きめた」

などなど、一人ひとりがちゃんと話され、好きなビールやお酒にも手をつけず、ずっと聞き入る姿ばかりで、涙、なみだ、そして笑顔でした、とは泣きじょうごのあき子さんの記録である。苦労の末の感激は、どれほど大きかっただろうか。

そして、11月3日。「今すぐ造って」と待っていてくれた利用者の一人は、その2日前ガンで入院、そして帰らぬ人となった。もう一人は、負担の少ない介護保険の施設に入れることになり、たった一日だけの利用だった。でも、落ち着かない普段と違って、「この家知っとるよ」とコタツに落ち着いて座っておられる。「お風呂は好きではない？　でも木の風呂だから入ろうよ」と誘うと、「あんたが入るならいいよ」ということで、着物を2人がかりで脱がせていると、「わしだけ裸にして」と叱られ、3人ではいることになった。とても気持ちいいとたいへん喜ばれ、ほっとした。よく晴れた日だったので、少し散歩して、その後はのんびりと縁側で日なたぼっこして過ごした。これはデイ最初の記録。

こんなふうに試行は始まり、利用者に手をかけすぎて、かえって気苦労させているのでは……という逆の危惧の声も陰であったが、週一日だけの受入れはぼつぼつおこなわれた。まだ介護保険指定前で、利用料が高かったが、それでも「よかった、安気でええ」と好評で、評判は広まった。そして半年がたち、翌2002年4月、20名足らずの会員と100人を越える賛助会員、ボランティアに見守られながら、正式にNPO法人となって本格的なデイサービスを始めた。斉藤啓治さんはこれまでの勤めをやめ、ここに専任することになり、「ひなたぼっこの啓治さ」になった。

「ひなたぼっこの家　おじいさんとおばあさんたちの絵本」梅村郁子作（再録）

犬の ユーくんは
いつも 縁の下で
大きな からだを 横たえています
そこへ 猫のクロちゃんや
太郎も 来ます
オン鶏の 安ベエも 来て
なかよく
ひなたぼっこを します

ひなたぼっこの家の隣には 保育園があります
「コンニチワ」
子どもたちは アンパンマンの歌を うたってくれました
おじいさんは 昔の話をしました
子どもたちは おじいさんの話が 大好きです
「また おはなし してネ」
「バイ バイ」

「今年も つばめが 巣をつくったわァ」
「五羽も ひなが かえってるよ」
「にぎやかだ ねえ」
「かわいいなあ」
「つばめが 巣をつくると
その家は 栄えるというなも」

裏には 大きな畑が あります
今年は じゃがいもが 一年分も 採れました
「ねぎの またが 分かれてきたで 土を かぶせな
あかんなも はずかしい と いっとるぜ」
「8月15日に なったら
白菜の タネを まかなあかんな」

そんな畑に 大きな いのししが 現われました
小さな子連れの おかあさんいのししです
2日前に そのうりんこが 2匹で 下見にきて
おかあさんに 教えたからです
「おかあさん とうもろこしが 食べごろだよ」
「ほんとうだね おいしそうだね」
おじいさんと おばあさんたちは 困ってしまいました
「どうしようかねえ」

家の横に 川が流れていて 橋が
かかっています 「ほたるばし」と
いわれています
初夏には ほたるが いーっぱい飛び交います
ほたるのえさになる カワニナの
きれいな 川です

ひなたぼっこの家では
みんなで わらぞうりを作ります
昔は毎晩の夜なべ仕事でした
翌日はくぞうりを作るためです
今でも
とっても 上手にできます
「これなら売れるネー」
「いくらで売ろうかな」

ひなたぼっこの家は
いつも おしゃべり いっぱいです
みんな 同じように 苦しい 時代を過した なかまです
話は いつまでも 続きます

「私が お嫁に 来た時は
歩いて 峠を 越してきたねェ」
「どんなとこか 知らなんだし
お婿さんの顔も見たことなかったし…」
「お婿さんには 式の時 初めて会って
小こい人だなと 思ったヨ」

「昔は よう働いたなァ!!」
「米俵も 背負って 供出に行ったナ
坂道を 上るのは きつかったナァ」
「こえ運びも したよ
かついだまま ころんだ時は
悲惨だったなァ」

「私は 下に8人も弟や妹がおったから
下の子の めんどうも よくみたよ
お母さんは 百姓で 忙しいので
私が いつも おんぶしていたョ
遊ぶとき いつも いっしょだったし
学校へも 連れて いったよ」

14才の時 学校を卒業し
時計工場に 就職が 決まりました
時計が 貰えると思って
うれしかったです
同じ学校の 友だちと
汽車に乗って
ワク ワクして
大きな 都会へ
行きました

しかし その工場は
時計を造ってはいませんでした
兵器を造っていました
ある日 敵機の空襲がありました
「にげろ!」と さけぶ声 必死で にげました
いつも 先生から 敵機にむかって走れと
いわれていました。 それで 助かったけれど
川には死体がいっぱい浮んでいたし
まわりは 火でおおわれていた
あんな 恐いことはない
戦争は 二度とやってはいけない
平和がいいね
平和がいちばんや

たなばたさまには
みんなで 七夕かざりを つくりました
「ボケないように このままで 終るように」と
ねがいを書きました
みんなの ねがい です

なかまと いっしょに
いっぱい おしゃべりをして
いっぱい 笑って
畑仕事をして
のんびりと
ゆっくりと
ひなたぼっこの生活は すぎていきます

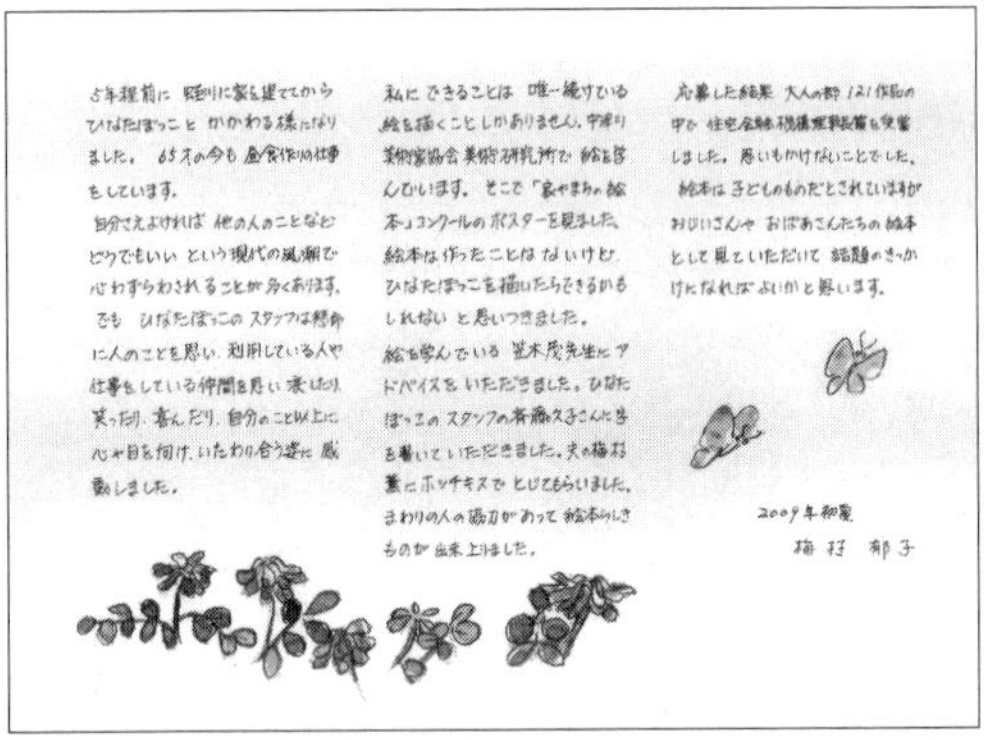

5年程前に 畑に家を建ててから ひなたぼっこと かかわる様になりました。 65才の今も 昼食作りの仕事もしています。
自分さえよければ 他の人のことなど どうでもいい という現代の風潮で 心わずらわされることが多くあります。
でも ひなたぼっこの スタッフは懸命に人のことを思い、利用している人や 仕事をしている仲間を思い 涙したり 笑ったり 喜んだり 自分のこと以上に 心や目を向け いたわり合う姿に 感動しました。
私にできることは 唯一続けている 絵を描くことしかありません。宇都宮美術家協会 美術研究所で 絵を学んでいます。そこで「家やまちの絵本」コンクールのポスターを見ました。絵本は作ったことは ないけど、ひなたぼっこを描いたらできるかもしれない と思いつきました。
絵を学んでいる 笠木茂先生にアドバイスを いただきました。ひなたぼっこの スタッフの斉藤久子さんに字を書いていただきました。夫の梅籽 薫に ホッチキスで とじてもらいました。まわりの人の協力があって 絵本らしきものが出来上りました。
応募した結果 大人の部 121作品の中から 住宅金融支援機構理事長賞を受賞しました。思いもかけないことでした。
絵本は 子どものものだとされていますが おじいさんや おばあさんたちの 絵本として見ていただいて 話題のきっかけになればよいかと思います。
2009年初夏
梅籽 郁子

しょうがい者介護問題への大きな挑戦

こんなふうに、「ひなたぼっこ」のデイサービス事業は順調に進んだ。利用者はいつもほぼ定員満杯だった。が、ここで一休みしないのが「ひなたぼっこ」グループの本領である。開所とともにわかってきて、すぐにも解決しなければならない課題に取組んだ。しょうがい者生活支援の問題である。

そよかぜ風景

「ひなたぼっこ」で働きはじめたスタッフの関係者の中に、しょうがいをもった子どもを抱えた母親がいた。地域の一人ひとりの必要を大事にすることを表看板にしていたひなたぼっこは、何とかそれに応えようと、夏休みという限定期間の介助支援を実施した。しょうがい児に関わったことで、地域にはそのほかにも数多くの援助を期待している家族のいることを知った。ひなたぼっこでデイサービスを希望しているしょうがい者がいることもわかった。もちろん近在にはそうした施設はなかった。時あたかもしょうがい者福祉をどうするかをめぐって、それまでの比較的規模の大きい専門の施設に入所、ないしは通所して介護措置をおこなうという在来型のやり方から、在宅しょうがい者を多様で身近な小規模で必要介護によって対応する施設を、数多くつくっていく方法も選択できるという方向が論議され始めた時期であった。それは、福祉政策が必要者を国が認定し、必要な「措置」をとるやりかたから、福祉利用者が施設を自由に「選択」し契約するやりかたへ大きく舵をきった大変革と直接関わっていた。そのことは、選択幅が限られている状況の中では、福祉に対する国の責任を放棄し、実質的に福祉を切り捨てていく政策ともなる危険もあり、福祉をめぐる根本原則にかかわる大問題であった。この新たなやり方は、とくに介護保険制度の導入を機に高齢者福祉分野において先行して実施されていったが、やや遅れて、しょうがい者福祉分野でも同じ思想にもとづいた「改革」が始まりつつあったのである。出発早々、「ひなたぼっこ」グループはこのむずかしい問題の学習に精力的のとりくむことになった。

「措置から自由契約へ」という流れがもつ福祉切り捨てにつながりかねないやり方を批判しつつも、啓治さを中心としたグループは、この新しいしょうがい者福祉政策の中で、従来になかった積極的で利用者にとっても有利な事業が含まれていることに気づいた。しょうがい者福祉への「居宅支援サービス」の設置であり、それへの「支援費制度」がそれである。そしてそれは、「ひなたぼっこ」のような、要介護者の個々の事情に柔軟に対応できる利用者のための福祉事業を目指すにあたって、うまく適用できる中味をもっていることにも理解を深めた。もっともその新制度は、あいまいで、最終責任は地方自治体の対応能力にゆだねられるという未確定部分が多かった。この時点でここ蛭川村では、あいかわらず大規模介護施設を拡充して、デイサービスに加えて、大規模ショートステイ事業をめざす計画が検討されていた。ひなたぼっこグループはこれにたいして、その計画が地域の福祉需要にまったく合わないばかりか、従来のデイサービスの質的低下をもたらす心配があることを批判し、代わって、小規模定員、多機能で個別対応型のサテライトづくりを提案し、みずからもその機能の一端を担うことを表明した。そして、デイ利用者が緊急に必要になったときのためのショートステイ事業を始め、訪問介護事業なども拡充して、きめ細かな地域福祉活動の強化を進めた。２００３年5月からは、しょうがい者のデイサービス受入れをはじめ、しょうがい者生活支援事業を、実績のあるデイ事業での経験を生かしながら、本格的に拡大してとりあげていくこととした。

　その目標としたのは、先に村に提案した小規模多機能のグループホームづくりであった。すでに２００３年度総会に、「健康な高齢者を含めて、痴呆高齢者や障《ママ》害者のための住居」とそこでの「生活を継続的に支援するしくみ」づくりとしてのグループホーム建設を調査・検討するとの提案をおこなっている。たった2年前、「金もなく力もない」といいながらはじめた「ひなたぼっこ」がまだやっと独り立ちできたかどうかというこの時期に、こうした大きな企画を推し進めようという気概は、まさに驚嘆に値するといわざるをえない。が、「ひなたぼっ

そよかぜでの「ヒナ祭り」の一コマ

こ」はステップ・バイ・ステップで、着実にそれへ向けて歩みつづけたのである。

　まず第一歩となったしょうがい者のデイサービス受入れは、予想以上に有意義だった。朝、通所介助でひなたぼっこにやってきたしょうがいをもった彼は、誰かれとなくみんなに、以前家族でヨーロッパ旅行したとき覚えたドイツ語で「グーテン　モルゲン」と挨拶した。スタッフも利用者の老人もびっくりするやら大喜びやら、雰囲気が一挙に明るくなった。そのことの嬉しさがよほど新鮮だったのか、彼はその次には、ドイツ語をオランダ語風に発音して、「フーテン　モルヘン」と呼びかけて前にも勝る喝采を受けた。それは老人たちの脳の活性化をもたらした。間違えずにいえた人は大喜びでくり返すし、うまく言えなかった人は、それでもめげないで訓練し、いつの間にかオランダ語のおはようが、「ひなたぼっこ」の朝の普通の挨拶にまでなった。それが「ひなたぼっこ」全体を和やかにした。

　啓治さは彼の音楽の才能を知っていたので、自分が作詞した詩に曲をつけるように頼んだ。程なく出来上がった歌は、覚えやすいメロディだったので、みんながすぐに覚えた。そして、デイの一日が終わるときに、みんなで歌うことになった。気分のいいときには、作曲者自身がみんなの前に出てきて、手を振って指揮をする。その顔がまた魅力的で、利用者たちを「ひなたぼっこ」にひきつけた。

体調がよければこんな調子の彼だが、9歳のときに罹った病で半身麻痺が残り、さらにいつ起こるともわからぬ発作があり、四六時中瞬時も欠かせない目配りや心遣いで両親の、とりわけ母親の苦労が並大抵のものではないという実情も、ひなたぼっこのスタッフは深く理解することになった。こうしたことから、啓治さを中心に論議される「ひなたぼっこ総会」の2004年の議案のなかに、「365日24時間の切れ目のない福祉サービスの提供にむかって、グループホーム・ハウス、ヘルパー派遣、買い物協力、配食、移送、授産など課題を幅広く検討します」という文章が書きとめられた。高齢者だけでなく、しょうがい者を対象にしたグループハウス事業はいっそう急速、かつ具体的に進み始めた。

それから2年間は、この事業をめぐって激動の日々がつづいた。2005年はいわゆる「障害者自立支援法」が施行され、福祉原理をまったく捻じ曲げた「応益」の名によって、事業費の1割負担を利用者に強いた年である。「ひなたぼっこ」ではその負担が可能な限り利用者に及ばない工夫を重ねながらも、その限界に苦慮した。居宅事業もその例外ではなかったが、世帯分離によって、その不利をいくらかは軽減する道を見つけ、グループホーム・ハウス実現にいちだんの拍車をかける必要に迫られた。その場合どうしても解決せねばならない365日、24時間介護の実現に向かって、中津川市への働きかけに邁進《まいしん》した。ハウスの建設予定地が蛭川村の隣の福岡町（高山）であったが、そのどちらも2006年度末に中津川市に合併した。その市の意向次第で、独身居宅しょうがい者の完全介護は、法的には実現できる仕組みであることは先に触れた。「ひなたぼっこ」グループは中津川全域の福祉事業関係者に呼びかけ、集会、署名あつめに奔走し、1万2000にものぼる賛同者署名をたずさえ、しょうがい者本人、その家族を中心に数次にわたる市役所交渉を行い、市負担の過重を理由に渋る当局を説得し、ついに「完全介護の原則必要」を認めさせた。

ここで原則というのは、「ひなたぼっこ」の主張は確かに正しく必要であることを市側が認めるが、国の支出の減少の中でその全部を市が負担するゆとりがきびしいことを運動側も認める、ということを意味する。原理の追求では譲らないが、市負担の不可能な部分は事業者がボランティアで補填するという柔軟な姿勢を見せたのである。そしてともかく、2名について365日、24時間介護は実現の運びとなった。これで自信を得た「ひなたぼっこ」グループはさらにしょうがい者福祉事業改善のとりくみをつよめた。2007年の総会資料によれば、この運動で、「中津川市域での地域生活支援事業11のうち、10事業が自己負担分を原則無料とすることとなり、県下トップレベルの地域事業が実現」することとなった。この運動を通じて、

表3-2　ひなたぼっこ支援の拡がり

年次	会員	賛助会員	寄付のみ	備考
2002	17	—	—	立ち上げ
2003	19	134	—	
2004	22	135	—	
2005	31	195	—	
2006	36	231	—	そよかぜスタート
2007	50	324	—	
2008	59	316	83	
2009	63	437	97	
2010	70	495	137	夢プラン発表
2011	71	605	169	

各年次総会資料による

「ひなたぼっこ」の会員、賛助会員は大幅にふえ（表3―2）、また交渉への参加各人の福祉にたいする情熱と技能を飛躍的に高めるきっかけとなっていった。さらにこれを機に「中津川医療・福祉ネットワーク」が結成され、引きつづく地域全体に運動を広げる努力を始め、「ひなたぼっこ」はその中心メンバーとなった。

この力は、グループホーム・ハウス建設のもう一つの壁である建設資金問題の解決にもつながっていった。「そよかぜ」と名づけられたこのグループホームの建設計画によれば、木造２階建て、延床面積１４２坪。その事業費は９７００万円と見積もられ、市からの交付金１５００万円、寄付募金も同じく１５００万円のほかは、ひなたぼっこ関係者とその支持者による拠出で賄われることになっており、既に実行中の福祉事業にいささかのマイナスも及ぼさないようにするために、銀行借り入れは皆無とした。関係者等による特別の拠出は

そよかぜ　食事づくりの風景

別にしても、寄付１５００万円は、数年前のデイサービス開始時の金額をはるかに超え、再度の募金でもあり、いささか実現を疑問視するものもあったが、運動の広がりもあって、ともかくほとんど達成された。そして、最終的には事業費が１億円をオーバーしながらも、２００７年始めには施設が完成し、同４月より意欲的な事業を開始した。ＮＰＯ法人ひなたぼっこは、これまでの蛭川でのデイサービスのほかに、隣接の高山地区に建てられたこの「そよかぜ」での事業をも運営することになった。そしてそれをもり立てる正と賛助あわせてた会員である「ひなたぼっこ仲間集団」は５００人を上回るまでになっていた。

「そよかぜ」で居宅重度しょうがい者2名への３６５日、24時間の介護のほかに、在宅しょうがい者支援事業もはじめた。当初、しょうがい特別支援学校に通学する児童、生徒への移動支援や、日中の一時支援活動の事業を手がけた。気に入った介護相手でないと落ち着かない子どもにてこずったりしながら、しょうがい者介護についての経験と親との話し合いからの学習を重ね、着実に事業を広げている（２０１０年度総会資料では、移動支援１５１回／５９５

時間、一時支援391回／1895時間）。さらに学校卒業後のしょうがい者就労事業として、環境問題への対策事業を目指した無農薬茶販売のための袋づめ作業を開始し、また各人の能力を生かす仕事を見つけ、5人の就業を確保している。注目すべきは、開始時は出来高払い賃金であったが、能力差の差別をなくし、ひなたぼっこ職員と同じ時間給に切り替え、そのことでしょうがい者への理解を深めたと09年度総会に書かれている。またこの事業で、「障害者自立支援法」による「受益者1割負担」を市との交渉を通じて、実質なしとする成果もえている。ここでも中津川福祉医療ネットワークとしての働きが大きかった。家事助け合いなど、必要を把握して、事業外のボランティア的事業も臨機応変で実施していることも付記しておきたい。

NPOひなたぼっこは、設立当初から今日（2010年）までの毎年の総会議案書の表紙に、目標とするスローガンを書いている。

語り合おう　福祉のまちづくり　そして　ひなたぼっこの未来
あったかサービス　ゆったりと　のんびりと　流れる時間
みんなで働き、　みんなで運営　みんなで資金
21世紀の　新しい働き方

これまでの経過を見てくる限り、それはたんなるスローガンでなく、着実にとりくまれ、また実現されてきている。さらに最近では、もう一歩進んで、「語り合おう　福祉のまちづくり」から「つくりだそう　福祉の地域を・くらしよいまちを」への大きな前進がみられる。それは２０１０年の総会で、「しょうがい者（児）地域活動センター及び付随する高齢者活動拠点整備事業（仮称）事業計画案」なるものが提案され、その実現に向かって運動を展開することを決めたことであるが、そのことについてはこの章の最後にまわして、その前にそうした提案を討議し、まとめ、提案に踏み切ったＮＰＯひなたぼっこスタッフ集団の働き方とその意識について触れたい。

「ひなたぼっこ」のスタッフの働き方とその意識　アンケート結果をふまえて

「小規模のデイケア事業所をみんなでつくろう」から始まった「ひなたぼっこ」は当初４人のスタッフから始まったのであり、「みんなで働き、みんなで運営し、みんなで資金をつくりだそう」というのは、ある意味では当然である。しかし、設立5年を経て、小規模とはいえ認知症高齢者としょうがい者のグループホームをつくり、運営していこうとなると、「みんなで資金、みんなで運営」はそう簡単なことではなくなる。が、ひなたぼっこグループは、銀行にも、特定の資金主にも頼ることなく、グループ一人ひとりの熱意と行動により、「みんなで資金」を、前述のようにやり遂げた。では、「みんなで運営」はどうなったか。

デイサービス＝蛭川とグループホーム＝高山の2事業を運営するために、これまでのスタッフ（常勤、非常勤あわせて）14名に、さらに新に18人の採用を加えた運営となると、「みんなで運営」はかなりむずかしい。その困難さを乗り越えるために検討を重ねてまとめられた方針がその年の総会資料に「新年度の法人体制の変更について」という説明文書として添付されている。そこに新体制で全職員、さらにボランティア、利用者とその家族まで含めた運営を実現するために組織の新たな工夫が必要だとして、新たな職員組織を提示している。その骨子は両事業所内の日常の運営に関する理事会機能はすべてそれぞれの職員とその関係者をメンバーとする運営委員会にゆだね、両者から出る小人数の理事会は、二つの事業所の調整・アドバイスと職員新採用、法人を代表する対外活動、研修事業の促進などに限定するというものである。

さらに、各事業所ではすべてのメンバーがなんらかの専門委員会に参加し、また仕事全般についての交流の場であるスタッフ会議もあり、他分野への発言の機会も備わっており、「みんなで運営」の実を高めようとしていることがよくわかる。また、2010年の蛭川のデイサービス事業所の運営委員会記録から例示すれば専門委員会は、環境、組織、処遇改善、食事、研修、広報、防災と七つがあり、さらにボランティア・助け合い、家族の会、事業適正化（苦情対応）も加わる。おそらく高山のグループホーム事業所も同様であろうが、それぞれの委員会の合同の交流の記載もある。スタッフ数からいって、当然一人で何役もうけもつ。業務の多忙、また家事の都合や健康問題などで参加不能もしばしばなのであろうか、みなきちんとした議事録がつくられ、欠席者も含めた会議の情報内容の全職員共有化がはかられている。総会の場で、来賓挨拶に立った地域の町会長が、「実に詳細な記録が丹念に送られてくるのに感心しているが、なかなか読んでおられませんので……」との挨拶があり、実は顧問の名をいただいている私も数か月分がまとめて送付されてくる大量の文書にはゆっくり眼を通せていない。しかし、職員にとって自分に関わる事項への参加、情報の周知徹底は十分に配慮されている仕組みとして「ひなたぼっこ」のことはすべて詳細に記録して関係者全員に配布するというやり方が不可欠なことはいうまでもないわけで、運営内容や状況の正確な把握のために大いに配慮がなされている。

こうした、完璧ともいうべき全員参加のしくみは実際どう活用されているかが問題で、すべて期待どおりというわけにはいかないことは確かであろう。たとえば、啓治さは地域の人も利用者家族もみんな運営に参加して、いろいろ議論できるといいのだが、実際はスタッフ中心となってしまいがちで、悩ましいとひそかに白状している。スタッフ以外の参加の方法はもっと現実的な方法を工夫する必要がありそうである。一方、議事録には職員スタッフの出欠も記載されており、けっこう休みも多いという印象だが、それはやむをえない事情のためであろうから、とくに悩むことなく、日常運営に支障のない程度で「許す限り可能な」全員運営参加がおこなわれていけばいいのではないかというのが、膨大な送付書類を眺めての私の日頃の感想であった。

そこで今回（２０１０年秋）、とくに理事会にお願いして、全スタッフを対象に「運営参加意識」を念頭にしたアンケートをとらせてもらった。回答を寄せられたのは39名で、総会資料に載せられているスタッフ数43名（多少なりともひなたぼっこで就労しているしょうがい者５人を含む）の91％というきわめて高い率で協力いただけた。まず、スタッフ層の全体イメージは両事業所ともに、中高年・女性に大きくかたより、長勤続年の常勤者中心ということであろうか。開所以来の勤務職員の多さはとくに注目したい。

働きがいにたいする回答は、「非常にある」「どちらかというとある」が圧倒的で、36人（「非常に」21、「まあ」15）。ほかの３人は「わからない」で、マイナス回答は皆無だった。ここでの仕事にきわめて積極的だということである。「非常に」と「まあ」の差は他の項目への回答状況から見てほとんど差はないように思える。ただ、蛭川では「非常に」がきわめて多いのにたいして、高山ではむしろ「まあ」のほうがやや多い。これは、前者が他で勤務した経験が少ない人が多いのにたいして、後者では他事業所での経験が多く、その分だけ評価が相対化されているからだと思われる。

こうした仕事感への高い評価をもたらしているのは、「ここで多く学べる」「ともに働く仲間がいい」「この仕事が好き」の三つがもっとも高く、やや下がるが「働き方や運営をみんなで決める」がつづき、その他の勤務条件の数項目はきわめて少ない。好きな仕事が気のあった仲間といっしょにできて、自分でもいろいろ学べるから、大いに働き甲斐があるということである。事業所による差はさしてないが、蛭川では「仲間がいい」、高山では「仕事が好き」がやや高い。両所で働くにいたった経過を考えれば自然であろう。私は「学べる」の多さに注目したい。それはスタッフの福祉労働にたいする姿勢の謙虚さを示しているからで、日常の業務のなかでの学びと、NPOひなたぼっこが研修をとくに重視して対外研修への参加の機会をつくっていることとの反映と思われる。それとくらべていくらか数は減るが、「運営をみんなで決める」への共感はやはり目立っており、スタッフの高い労働感をつくりだしていることも注目したい。アンケート設問の順序と三つだけ選択としたことがこの数字に関係したとも思われ、数的には他の3項目との差はないと思う。NPOひなたぼっこでは、仕事の内容や進め方だけでなく、とくに賃金をも含めての労働条件についても、経理の全面公開のもとでの処遇改善委員会でのみんなの議論に任せるという理事会方針がしっかりと受けとめられていることを示しているとと読みとっていい。

アンケート実施の一つのポイントであったネガティブ評価とその中味については、設問のやりかた（働き甲斐がない、まあないの人への質問にしたが、該当者がいなかった）から、調べられなかったのは残念であるが、「わからない」回答の人とポジティブ評価ながら設問の意に反して○印した人の場合をひろってみると、「会議が多すぎる」６人、「もっと気楽に働きたい」２人で、全般的にいえば、全員参加の仕組みはおおよそ受け入れられているといえるのではないか。「今後変えてほしい働き方」の項目の質問には選択肢として「運営のしかたを変える」があるが、それへの○印は１人もなかった。

別の「変えてほしいこと」を尋ねた項目でもっとも多かったのは、「もっと人数を増やす」で、どちらの事業所も群を抜いて多かった。それにつづく「労働時間を減らす」「もっと休日を」の数の3倍に達する高さである。ＮＰＯひなたぼっこのスタッフ人数は、現状でも法規で求められている基準は上回っている。それでもなおこの回答状況であることは、より介護の質を高めるためには、さらなる人員増しかないというのが全スタッフの共通認識となっていることを意味するわけで、介護向上を求める世論の喚起を訴えて、法基準を引き上げていく以外に道はないことを示している。現基準のままで人員を増やせば賃下げ以外にはない。それを避けながらしかも人員を増やすためにＮＰＯひなたぼっこでは昨２００９年に、「中津川福祉医療ネットワーク」のメンバーとして、介護職員の待遇改善のための措置を求める国への意見書の提出を中津川市議会に請願する署名にとりくみ、市議会で採択されるといった運動をおこなったが、こうした運動を全国的に広げていく努力が欠かせない。そうしたなかでの人員増の道を必死に模索している啓治さには頭が下がるとしかいえない。

この項目への回答で、いくらか事業所別の差があり、若干の検討を要する問題が浮かんでいるように思われる。それは蛭川で「ながく勤めるメリットがほしい」への回答が人員増の項目に次いで目立ったことで、しかもすべて長勤続・高齢スタッフだったことである。しょうがい者も含めて、労働時間当たり同一賃金を原則とするNPOひなたぼっこでは、当然勤続割増はないと思われるが、にもかかわらずなんらかのメリットがほしいという感情も自然ではある。この「労働時間あたり同一賃金の原則にたいする意見」の項目では、今回のアンケートのなかで唯一ネガティブ回答が目立っている。その項目でももちろん「非常によい」「まあよい」は多数で、なかにはくらしの困窮さを見てプラス配慮という書き込みもあったが、「あまりよくない」が他項目ではほとんど見られなかったのに、ここではいくつかあり、とくに割合的には蛭川に多い。前項目での「勤続メリット」選択数とあわせて、同一の問題ではなかろうか。原理的には正しいが、仕事の質的差が多すぎるとの具体的指摘もあった。さらに同一賃金ではないとの書き込みも1人あった。この回答結果をもとに、スタッフ全員での話し合いもはじまっている。

事業所内業務以外の対外活動についての意識を問う二つの項目（「近隣地域社会にたいする

関心」と「中津川福祉医療ネットワークにたいする関心」）では、どちらにも高い関心があると回答されている。とくに後者ではいちだんと積極的評価が目立つが、それはスタッフ自身が署名などで実際に活動し、かつそれが行政を動かしていることを実感しているからではなかろうか。それとくらべて前者は実際の運動経験の少ないスタッフが多いからかもしれない。わずかながら両事業所ともにある「あまり関心がない」への選択は、それ以外の多数の高い関心をもつスタッフとの交流や地域とのかかわりをいっそう深めようとしている方針に沿った実践活動で変化していくと思われる。

最後にアンケートの自由記述で尋ねた「21世紀の福祉労働観」への記入は多くはなかったが、21世紀には福祉労働にもっと高い価値が認められ、それにふさわしい労働条件が保障されて、若者にとっても魅力ある仕事になる（なってほしい）という思いが溢れるものが目立った。そしてもう一つ同じことだが、「ひなたぼっこのような働き方」という記述が2つもあったことに目がとまった。しかしそれはこの2人だけではなく、おそらくスタッフ大部分の、そしてやがて全員共通のものとなっていくであろうという強い印象をもったことを、アンケート整理のまとめとして書きとどめておきたい。

「地域住民みんなのくらしの福祉拠点づくり」運動はじまる

２０１０年の総会で、２年前には顔を見なかった若い男性青年が、「夢委員会」を代表して、しょうがい者もお年寄りもみんないっしょのフリースペースで、ゆったり、気軽に、なんでもできる「福祉新拠点」建設事業を提案したとき、私は信じがたい思いが先立ち、本当にびっくりした。聞き始めた時は委員会の名称からいって、遠い将来の「夢の話」かと思った。ＮＰＯ法人「ひなたぼっこ」の発足から10年足らずの短期間にとりくんできた真摯な高齢者・しょうがい者福祉の実績はそれだけでも賞賛に値するが、そこでえられた貴重な経験を糧に、とりくめば取り組むほどひろがって分かってくるしょうがい者や高齢者の福祉ニーズ、さらに達者でもけっして安心してくらせていない地域すべての住民のニーズに、今のひなたぼっこの力で精一杯対応できる「居場所」づくりを２０１１年中にやってしまおうという計画だとわかって、やっと独り立ちできた若い組織がここまでやるのかと、しばし唖然とした気分だった。が、この構想が浮かんでくる事情の説明を聞きながら納得できることだとわかってきた。「ひなたぼっこ」はこれまでしょうがい者福祉のいろいろな事業を積極的に、というよりはそうせざるをえないからだが、進めてきた。そのなかにしょうがい者の就学援助があり、通学の付き添いや日中の一時預かりがある。また、そうした子どもの卒業後の就労にも積極的であった。目下は40人そこそこの事業所で、５人のしょうがい者を雇用している。そこで発見したことは、しょうがい者が高齢者の介護に加わることによる予期しない有効性だった。しょうがい者による認知症の高齢者への接しかたは、きわめてソフトで優しい気分に満ちみちているし、逆に高齢者もしょうがい者に積極的に対応しようとしている。そんな光景を見て、両者の接触の場をもっと広げることで、相互の介護の効果が高まるはずだという。その交流の場であるフリースペースを持った施設づくりは、しょうがい者雇用からいっても、高齢者介護からいっても、早急に着手したい魅力的な事業ということになる、と納得した。

そよかぜ風景　歳はとっても仕事はしゃんと…

しかも、落ち着いて計画を見れば、これまでの実績に照らして、けっして無理な計画ではない。ただこれまでのもう一回り大きな力が発揮できる支持を輪が広げる努力と市の福祉行政の姿勢を変えることは絶対に欠かせないものであろう。

この意欲的な「しょうがい者（児）地域活動センター及び付随する高齢者活動拠点整備事業（仮称）事業計画」と称するしょうがい者と高齢者の福祉拠点づくりの意欲的な内容を広く知ってもらうために、総会資料の内容をそのまま紹介しておきたい。

1. 事業の目的（見出しのみ）

① 障がい者（児）の「施設偏重から地域（在宅）生活の楽しさと仕事」を見出す。
② 障がい制度間のハザマにある諸問題の解決。
③ 常設サロンによる特定高齢者施策の併設。
④ ひなたぼっこの蓄積を生かす。
⑤ 職員の常駐による重度訪問介護事業所の設置。

2. 事業運営の理念と運営基準

① 運営理念

集団運営を求めず、一人ひとりの希望をとりいれた生活を基本とする。
いつでも必要なとき誰もが利用できるよう、24時間いつでも開く
困ったときにその問題が解決するようにみんなで取り組む。
支援する人をいつも広げていくこと。
必要な職員を配置し、その生活を守ること。
地域や自治体、企業、関係機関、他事業者など、多くの関係者と協力して運営する
こと。

② 運営基準（略）

3. NPOと行政の役割（略）

本来なら、ここは略したくない。が、残念ながら中津川市は、こんな複合施設は補助金の対象にはならないので、参加できないという。必要で有効な事業だとすれば、どうして検討事業にならないのだろうか。とはいえ、これまでの「ひなたぼっこ」のやり方で、さらに工夫を凝らした提案がなされるにちがいない。とすれば、ここは今後の問題ということで省略するほうがよい。

4. 事業項目

① しょうがい者の利用、自立支援法による指定事業を中心に現行事業の徹底

しょうがい者指定重度訪問介護、指定居宅介護

中津川市委託事業「日中一時」支援事業（一時預かり、創作活動、就労準備

小規模「生活介護」事業による日中活動（創作活動、就労準備）を検討

家族レスパイトとしての制度外支援事業（一時宿泊、短期入所など）

その他必要な事業　就学児放課後生活支援（学童保育）事業

多様なフリースペースの設置により、これら事業の統一的運営を図る。

必要に応じ、小規模指定生活介護事業を検討。

② 高齢者の利用

「自由サロン」の設置（交流目的、常時開設の特段規則のない生きがいサロン＝

コミュニティカフェ）と通所介護（現在事業小規模デイ）の併用。
畑作業等を運営、道具作り、創作、趣味の活動を支援する空間の設置。
食事・飲み物などの廉価な提供、配食
休憩場所の提供
しょうがい者による「一般就労」（最大5名程度）曜日時間による就労分担

5．実施にかかる施設規模と設備
建設場所　蛭川地内（現ひなたぼっこ隣接地）現況農地990平米の3分の2を宅地化、3分の1を作業畑として運営

①しょうがい者活動センター　木造平屋建　184平米
自由活動スペース　活動規模によるフリースペース3種
昼間休憩兼短期入所（個室ベッド）
　居宅介護事務所、相談室
　玄関・廊下・浴室、トイレ・洗面・洗濯室等

②「自由サロン」　木造平屋建　90平米
自由サロンスペース　　交流・食事・喫茶・創作活動場所
暖房、兼配食作業

トイレ
静養室
　玄関・廊下・浴室、トイレ、洗面・洗濯等

6. 事業別人員・資格等（略）

7. 資金計画（概算・万円）

	総額	建築費	その他費用
第１施設（活動センター）	3850	3150	700
第２施設（自由サロン）	1800	1600	200
土地造成、導入路・周囲整備	600	600	
合　計	6260	5350	900

資金計画	自己資金	1500	余剰金
	民間資金	2250	募集　寄付
	公的資金	2500	中津川市

8. 新施設の運営（略）

9. 準備・建設委員会構成（略）

10. 年次計画

計画作成・検討　H23・3
建設　H23・4　開始　同年度内完成
事業開始　H24・4（予定）
第2期計画は　2012年度から開始（検討内容は略）

あわせて、夢実会（ひなたぼっこを利用し、また協力するしょうがい児の親でつくる会）の訴えをつけくわえる。

みんなの居場所（活動センターとサロン）づくりにご協力を
……地域で暮らしているしょうがいをもつ方や家族の多くは、「誰にも相談できない、」「なかなか不安解決の糸口がみえない」「高校卒業後の行き場がない」など、切実な悩みを抱えて生活しています。望むことはただ住み慣れた地域で当たり前に働き、遊び、地域にかかわって生活していくことなのです。住み慣れた地域で遊んだり、働いたり、必要に応じて泊まったりすることのできる、生活を支える拠点をつくることができないか、何度も集まって話し合い検討を重ねてきました。
合わせて、しょうがいがあってもなくても、子育て中のママもパパも、お年寄りも、青年も、誰でも気軽に集まれるサロンがあって、手作りのお菓子やコーヒーで休息できる居場所、いつでも相談や対応がしてもらえる場所、そんなサロンをかねた活動センター＝フリースペースを作ろうということになりました。このフリースペースこそ、多くの皆さんの期待にこたえる「居場所」となることを確信しています。皆さんのご支援を心からお願いします。

ＮＰＯ法人ひなたぼっこ
　住　所　岐阜県中津川市蛭川４８２０番地の１
　電　話　０５７３－４５－２１２０
　ファックス　０５７３－４５－２１５４
　寄付金送付先　日本郵便銀行　口座００８７０－１－５０１６３

この夢計画について、私がこれ以上つけ加えることはない。ただ、「夢」に終わることなく、確実に実現してほしいと願うだけであるが、これまでとりくんできたことが土台になっていることからみて実現は疑いない。

２０１０年のひなたぼっこの総会で、この計画が議論され、確認された後、ＮＰＯ法人の監査を手伝って協力されている税理士の渡邉さんが立って、次のような発言をされた。

「今日の会は本当に感激しました。もういうことはありません。ただ、仏教界では『驕慢、弊、懈怠』という言葉があり、人の驕り・満足、傲慢、怠け心を戒めてきています。今までの成果にあぐらをかくことなく、これまでどおり謙虚な気持ちで事業を続けてください」

私も同感だったが、もう一つ加えたい言葉があって発言した。「日常の暮らしのなかで長年にわたってつくられてきた地域の、のんびりとしてはいるが地道・確実な生活文化になじんだ人々がもつ仲間同士の力、つまり友愛の力はとても大事です。これからいろんな困難があると思います。もしかして、誰か、懈怠をおこす人がでないとも限りません。でもそんなときでも、友愛の力を信じて、みんなで協力し合って、困難をのりこえ、間違いを正しあいながら、ゆっくり、じっくり、たゆむことなく、みんなで協力しあって、今までどおり仲良く仕事を続けてくだささい。美しい地域の自然とそのなかに建設されるセンター内のサロンに集まる地域の人々と触れ合い、それらがスタッフの皆さんの介護といっしょになって、本当の介護ができます。介護は地域コミュニティと一体になってはじめて完成するのです」。

後日、啓治さから聞いた話によると、スタッフの中で「小さな懈怠」事件が起こった。はじめはもうその人とはいっしょに働きたくないという声も聞こえたが、くりかえし話し合い、そんな事件が起きる暮らしのあり方まで深く事情背景を語りあううちに、相互の信頼の回復ができ、いっしょにがんばろうという結論になったたという。私の聞き取りのメインテーマが友愛であることを知っている啓治さは「友愛の力というのはすごいものですね」といくらか興奮気味に顛末《てんまつ》を語ってくれた。ひなたぼっこの仲間集団は、そうした議論を通じて、もう一つ大きく成長したにちがいない。今、蛭川の住民の共同心は、たしかに希薄化してきているが、年に一度だけ、それを盛り上げる機会がある。村の安弘見神社に奉納する延々2キロにおよぶ杵振り踊りの行列イベントである。それは長い間蛭川中学校が踊りとそのお囃子の学習を正規の授業に組み込んできていて、どちらもみんなのものになっているという成果のおかげなのである。もし、「ひなたぼっこ」の夢が実現して、蛭川の人々が、さらに私のようなそこを訪れる人が気軽に立ち寄れて、自由に交流の時を過ごせるサロンがうまく機能するならば、そこは、もう一つ人々の地域協同の拠りどころとなるにちがいないと心が浮き立つ気分である。

「ひなたぼっこ」のやり方が、外へも拡がった

蛭川では、高齢者やしょうがい者の福祉事業はしっかりと村の中に根を下ろしつつあり、新

表3-3　中津川市の地区別医療・介護状況

地区別	介護施設定員					介護認定者	B／A	医療機関数
	通所介護	特養	短期入所	グループホーム	計(A)			
中津川市街区	40	9	0	18	67	1233	18.4	25
南部農村区	130	170	58	9	367	592	1.6	4
東・北部農村区	99	120	18	9	246	667	2.7	6
中・西部農村区	235	395	77	9	716	1034	1.4	13

しい形の協同・友愛の絆が強まりつつある。「ひなたぼっこ」の奮闘で、他の福祉施設でも利用者の声に押されて、少しずつサービス内容をよくしてきている。住民の声が自分たちの福祉の中味をつくり始めたのである。

が、その蛭川を吸収合併した中津川市の中心部の福祉状況はどうだろうか。人口は9万人弱、かつて中山道の宿場として栄え、東濃第一の街といわれ話題のリニアー新幹線がもし計画どおりに進んだら停車駅になると、それで市の格を決められると考えている人々が空しく期待する地方中心都市だが、現状を数少ない資料から整理した表3―3でみるような予想外の惨状にはびっくりさせられた。合併で拡大した中津川市区域で人口がいくらかでも増えているのは、旧中津川の市街地区だけで、他は減少、とくに働き場が相対的に多い都会へのアプローチの悪い遠隔の地の減少が大きい。いくらかでも便利なところへの移動の結果だろう。そして、高齢者の人数もこの総人口の増減とぴったり同じである。一家すべて移住なら当然の結果である。

移住したところで働ける人は、男も女も昼間は外へ出る。極端にいえば、市中心部の昼間は、子どもが学校へ行ってしまうと、残された高齢者だけの街となる。そうした年月を経るにつれて、就学の若者・子どもも就労するが、それは主に市外、とくに大都市名古屋であり、市内に残るのは高齢化した夫婦のみで、高齢者世帯、あるいは高齢独身世帯が激増する。そのために必要な福祉施設は、周辺農村部よりもはるかに大きい。だが、表でみる現状は、その施設がもっとも貧弱なのが中心地区なのである。最近では介護認定もきびしくなっていてその数は問題ではあるが、その結果の認定者数と地区内の福祉施設の定員数の比率は、なんと市街部が農村部に比べて10倍以上悪い。まさに信じがたい数字である。想像だけだが、こうした状況は日本中どこでも見られる現象ではなかろうか。そこは病院、診療機関、そして医師数はたしかにほとんど無医村化している農村部よりは多い。しかし広域医療の負担が重くかかり、介護分野を支援する余裕はまったくない。逆に負担増に耐えかねて、夜間診療をやめるケースも少なくない。なかには、診療は週日の昼間だけで、夜間と週末は名古屋の自宅に帰ってしまうといった例もある。医療・介護を含めて、高齢化地域の問題をどう解決したらよいか、地元住民ののちに直接かかわっている関係者の苦悩はきわめて大きい。その解決の努力はなされているが、簡単なことではなく、見通しは必ずしも明るいとはいえない。

地域におけるこうした医療・福祉状況を早くから実感し、そのために何をなすべきかについて腐心してきた医師がいる。脳外科を専門とし、名古屋の大学で将来を嘱望されていたが、地方での医療活動が大事だと考え、中津川市が市立の病院に脳外科を置くことが決まり、就任を懇望されたのをきっかけに、１９８２年の春、この地に転じた古瀬和寛医師である。同市の病院が脳外科の設置を強く求めたのは、冬の寒冷がかなりきびしい地域状況を反映して脳血管疾患の患者が多く、ずっと市内の死亡率で1位を占めているほどであったにもかかわらず、その専門医がいないという状態を解消するためであり、そのために当時では最先端医療機器であった核磁気共鳴ＮＭＲを導入するという思い切った措置を英断したＫ市長の熱意に古瀬和寛医師も共鳴したのである。

この新たな医療体制の強化による効果はすぐに目に見えて現われた。古瀬医師の就任の年82年に90人を数えた市内の脳血管疾患による死亡者は88年には71人、市内死亡原因の第3位に減少し、92年には50人・3位とさらに減少をつづけた。古瀬医師就任からわずか10年で、同病による死亡が56％にまで減ったわけである。この顕著な減少は時代の変化やその他さまざまなものが影響しているには違いないが、それでも新医療体制の整備が最大の要因であったことは誰も否定できないであろう。同医師が定年で退職した以後にはこうした推移はとまることになるが、それが現在の医療の限界なのかどうか、明らかになるのは将来の判断を待たねばならない。しかし古瀬医師の指導による地域医療向上の成果は現時点でも、否定しがたく明らかで、地域の推薦により同医師は「地域医療への顕著な貢献あり」として、厚生労働大臣から表彰をえた。「表彰などといったものは嫌いだが、地域の人々といっしょにみんなで努力した「地域賞」ということなら受けようと思った」というお祝いの会での挨拶は、印象的である。

個人的には私の古い友人でもあり、もう40年の以前に妻の緊急脳手術で大変お世話にもなった古瀬医師がいう「地域の人々といっしょに」という言葉はたんなる謙遜ではない。診療時など機会あるごとに、また積極的に他の機会をつくって、病気を治すことは医者だけではない、本人、家族、そして地域が日常その病気にどう対応してくらしているのか、予防にどれだけ気が配ばられているかということにこそ、「やまい」を治す根幹があるという思想が定着するように努めた成果がなければ、こうした数字上でも顕著にわかる結果は出ないと個人的に聞いていたので、まさに貴重な事実の指摘であると思った。

日常のくらしの中での医師と患者、それを取巻く地域住民との信頼関係の重要さを、あらためて確認する思いだが、定年後も市内で開業医としてそれまでと同じ努力をつづけている彼が、その関係が薄れていく状況の変化に危機感をつのらせていることはもちろんである。斉藤啓治さんはまだ東海の生協で福祉関係の仕事を担当していた当時からこうしたことを聞き知っていたので、デイセンターを立ち上げた当初から、すでに担当医師を古瀬医師に依頼した。そのときは、親しい支援者からなぜ身近な村の医者に頼まないかと疑問が寄せられたが、「地域を大事に考えている医者」が大事で、この人以外に適任者はないと説明した経緯もあった。それにつづくグループホーム「そよかぜ」を含めて、事業の順調な経過のある部分には古瀬医師の存在が大きくあったにちがいない。

「ひなたぼっこ」も有力メンバーとして加入し、その充実のために物心の協力をおこなってきた中津川福祉医療ネットワーク（その代表は古瀬和寛医師）は、もちろんこうした地域の中心市街地地域の医療・福祉事情の進行を懸念し、そうした現状にたいする国や自治体の政策対応についての学習を重ねてきた。また問題の深刻さを市の担当者に訴え、具体的対応を要請した。しかしなかなか政策化の方向が見えず、状況の悪化がずるずると進行していくまま放置することはできないと判断し、２０１０年の冬に、それまでの任意団体からＮＰＯ法人化に踏み切った。医療面でも福祉介護の面でも、今動き出せば人的に、また土地を含めて物的条件の上で対応できる地区がある。そこに、近年地域福祉の経験交流で重要な課題の一つとなっている地域密着型の小規模多機能施設体制を確立させて、同時に周辺のやや広域に訪問介護・看護機能を併設しようという計画を、ともかく実現しようという構想である。その構想には、「ひなたぼっこ」が経営する「そよかぜ」の経験が組み込まれている。「ひなたぼっこ」での成功事例を中津川旧市内に広げたい、そこを拠点に全中津川市内に広く医療・福祉の地域ネットワークをつくっていこうというより大きな構想の第一歩として、２０１０年の2月に、それまでたんなる交流団体であった「中津川福祉医療ネットワーク」を、ＮＰＯ法人化し、構想実現の主責任を背負うこととなったのである。

このプランを構想するに当たって解決すべき課題で、とりわけ二つのケースが想定される。その一つは、介護と医療がバラバラで、相互の連携が充分に取れないという問題である。認知症を抱えたある利用者の住む近くにデイサービスの施設がないので、いくらか遠方の施設を利用している。その関係で、日常の医療はその福祉施設にかかわっているやや遠隔の医師の診察を受けることが多いが、そこは通院が不便で、特別の緊急の診療の時は、居住地区で開業している医者にかかる。この医療・福祉の利用者は24時間絶たれることなく連続して生きてくらし続けているのに、そのために必要となる福祉・医療にたずさわる関係者はバラバラで連携しえていない。そうしたなかでは健康や福祉介護に欠かせない地域コミュニティとの関係も保ちがたい。さらにもっとも大事な同居している家族との連携にも齟齬が出てくる。全生活時間での医療・介護の連続性をどう確保するかという課題である。

もう一つは夜間急診への対応問題である。高齢者はとりわけ体調不良になり易い。それは時を選ばない。夜間の発症で本人や家族はパニックとなる。そんな時もっとも頼りにするのが近隣の開業医であるが、夜間診療をおこなっている医者は限られる。近年中津川の医師会は、ウィークデイを含めて夜間の診療体制をつくったが、広域のことで充分機能しない場合も多く、救急車で地域医療の中心である市民病院に行くかどうか、とまどいの時を過ごさざるをえない。不便な農村部ではもっともありふれた悩みだが、中津川市街地でも同じ悩みは尽きない。この悩みへの対応が二つ目の課題である。

2010年10月に開かれたNPO法人の臨時総会で、新たな福祉・医療施設建設構想が議論され、承認された。そのおもな内容は地域密着のサービスをおこなう「小規模多機能型居宅介護」事業で、認知高齢者の昼間のデイケアサービスを基本としながらも、夜間サービス、宿泊サービスも利用者の体調や家庭の都合などで自由に選択できる施設づくりと運用である。このことによって利用者の必要によってどのサービスにするかを自由に選択でき、自宅以外に近所でもう一軒家を持つと同じ気楽に、しかも充分に連携の取れた介護がえられる施設サービスをめざすものである。これで先の第一の悩みは解決できる。

しかし目下の国の基準に従えば、それは狭範囲の事業で、利用人数が限られること、宿泊サービスを含むがゆえにスタッフ人数が多くなり、負担が重いことなど実施に向けての難点がいくつもある。

サービスが狭域になりがちで、しかも利用者が限定されるという欠点を補うために同施設に訪問介護、訪問看護機能を併設することである。これにより、現在少なくとも医師1人が確保できるのでいくらか広域の範囲で夜間もふくめた24時間の医療・介護の相談に応じられ、随時の訪問サービスも可能となって、二つ目の悩みへの対応が可能になる。当然その負担は、国事業の規格外サービスとしてさらなる加重である。

必要なことはまず可能な形ではじめようという「ひなたぼっこ」の運動スタイルの成功が議論のはずみ車となってか、この野心的とも無謀ともいえる構想は総会で承認された。目当ての土地の手当ても可決された。この種の事業の詳細は目下国の介護見直し作業の中で検討中で、それが明らかになる来年の総会でさらに具体化されるという。そのために関係地域で、さまざまな地域団体やボランティア集団との連絡の強化、情報の交流を始める方針も決めた。ここでもひなたぼっこの実践経験は多いに学ばれている。構想実現に向けての具体的活動は、国の方針の最終決定に先だって、早くも動きだしたようである。

その中でもっとも重視されるべきは、中津川市への積極的な働きかけであろう。住民が必要な事業を、住民が積極的に参加して企画し自らも負担を背負いながら、地域自治体の参加を求めるなかで、大きな現在的課題である「新しい公共」づくりが大きく進むことを期待したい。地域が必要としている事業を地域の住民と地域の行政が一緒になって実施していくことが本来あるべき公共である。「ひなたぼっこ」の経験はそこでも大きく生かされるに違いない。

第3話　『大人の権利としての伝統文化』集団づくり

「生活をいける華道　華原の会」の根底にあるもの

「華原の会」とは、どんな会？

フルネームでは、「生活をいける華道　華原の会」で、当初は保育や医療関係の、そして現在ではさまざまな職をもった人たちがつくる華道の会である。この「生活をいける」の部分には会の性格を表す重要な意味がある。

1972年の初春、病気のためにそれまで幼児教育を天職と考えて懸命にとりくんできた保母（保育士）の職を辞めざるをえなかった原田嘉美子さんが、リハビリを兼ねて、友人といっしょに習いはじめた民俗舞踊を内々に披露する「初まい」の会場に、たった一輪の野の花を活けて、入り口にかざったことからはじまり、今（2010年）は300人を越える会員が、多忙な職をもちながら、誇りをもって生きる心の糧として、生け花にとりくみ、会員同士で研鑽

紙袋を花器にして野草をいける

しあい、50を越える名古屋の華道界流派の中でも、その存在をきっちりと認知されている働く仲間のつくる生け花の会、それが「華原の会」である。発端となった民俗舞踊の方は「名古屋民族舞踊研究　かすりの会」として同時に出発するが、後に原田さんの設立意図とは違ったものを目指す集団に変わり、原田さんの手を離れることになる。

「華道なんて、ヒマもないしお金もない。私にはとても縁がないもの」と、本当は心のゆとりをもって、いけてみたいし、生け花ぐらいはきちんと習っておきたいと考える人であっても、華道の世界に足を踏み入れるなど、とてもできないと思われがちな世間一般で、40年そこそこの短期間に、「華原の会」はどうしてこんな実績をもち、会員を惹《ひ》きつけつづけてきているのだろうか。

この「華原の会」にはそれを可能にする基本理念があり、技法が蓄積され、またそれにそって真摯な実践の努力「おけいこ」がなされているからであろうが、それだけでなく、会の実践や大事にしている日常の職業生活上のつながりをつうじて、自己の労働に新たな活力を生み出している会員同士の信頼と絆の強さが、さらにまわりの人びとを惹きつけているからにちがいない。それを探りながら、この会がもつ根底の哲学、ないしは思想を、そしてさらにより広く、現代社会においてどのような意味をもっているかを、考えてみることにしたい。それを理解するキーワードが、この章の主題ともなっている「大人の権利としてのいけばな文化」である。

この言葉がでてくるのは、会の創始者、初代家元の原田嘉美子さん（以下はいくらか親しみを込めて、嘉美子さんと呼ぶ）が書いた小著作『種をまく』（２００２年）の中だが、それをさらに具体化して分かりやすくして基本精神が語られている文章がある。それが次の5か条である（表現の都合上、字句にいくらか違いあり）。

まず、習う人の立場に立った会にしたい。そのために、

第一は、子供や子育て中の人でも、また昼間働いている夜間学生でも、習いたい人はだれでも気軽に習える会にする。

第二は、器は水さえ漏らなければ鍋釜でもなんでも良い。花は家の周りの雑草でよい。

第三は、カリキュラムを作り、目標をはっきりさせる。免許取得は習う人の意志に任せる。

第四は、生活に密着すること。習うことで生活を見つめ、生活の力になること。これを

除いては、まさに骨抜きになる。

第五は、苦手なマナーだが、これもしっかりやっていく。生徒をけっしてお客様にはしないこと。自己変革しつつ日々研鑽しながら人間として豊かさを求める集団にしたい。

踊りにせよ生け花にせよ、伝統文化は長い年月をかけ洗練された技《わざ》を通じてわれわれの心の奥底を揺さぶり、身も心も洗い流して新たな感性をよみがえらせ、新鮮な生きる力を沸き立たせてくれるもので、いつも煩瑣《はんさ》なくらしのまぢかにあってほしいと思うのだが、現実には日常のくらしからはどこか遠いもの、なかなか出会えないものであったり、いわんや己の所作として触れたり直接に関わってそれをつくりだすことなどは、よほどの覚悟と重い負担なくしては、困難である。こうした希少さのゆえに貴重なのだと思い敬遠しがちで、ますます生活から遊離し、生きていくためには関係のないものと考えるのが、世間一般であろう。そうしたなかで、「伝統文化は大人の権利」と言いきり、それを意思さえあれば誰でも気軽に手にでき、そのことで自分のくらしに勇気と活力を与え、さらに人間としてゆたかに成長するための力をつくりだすものとして世に広め、またそれをつうじて人を尊重しあい、民主的な社会づくりに貢献したい……、こんな意気込みがありありと見てとれる嘉美子さんのなみなみならぬ意思表明である。

ともすればカネ・ヒマをかけて優雅を楽しむことになりがちな華道の世界にあって、まったく逆の華道の道を切り開こうとし、しかもそれを実現した嘉美子さんにたいして、私は月並みな表現だが、深い尊敬の念を持たざるをえない。それは、嘉美子さんがまだ華道に足を踏みいれるずっと以前に、私はほんの短期間ではあったが、愛知県下の私学の個人加盟者で構成する労働組合での先輩格として、いろいろ助言をする立場にあり、彼女が抱えている深刻な事態にどう処すべきかの意見をしばしば求められた時の気迫と、その後病に倒れ、それまで生涯をつうじて目ざそうとしてきた保育の道を諦めざるをえなくなった後も、生け花というまったく違った道で、自分を鍛え上げ、より成長していこうとする気迫がぜんぜん変っていないことを知っているからかもしれないが、私の心に自然と沸いてくる思いである。

理念を掲げることとは、もちろん、きわめて大事なことである。しかし、その実行となると簡単でないことはいうまでもない。

この理念は、嘉美子さんが「会の生命です」といいきっている会則でより具体化されている。その中でとくに二つの条文を掲げ、コメントしたい。第2条「目的」と第4条「単位」である。

第2条で、会のめざす目的を

（イ）日本の伝統文化の一つである生け花を正しく受け継ぎ、生活に密着の生け花の創造と技術の向上を目指します。
（ロ）生け花の創造過程で、おくゆかしい豊かな人間性を求める場として、自己変革に努力します。
（ハ）生活に根ざし、生活をかえる生け花をめざし、民主的文化運動としてとらえます。

注目すべきは、先の設立の理念を、日本の伝統文化を正しく受け継ぐことと、民主的運動として推し進めていくことによって自己変革に努めようとしていること、その伝統文化にたいする謙虚さと、会員一人ひとりの参画による運営という、おそらく華道界では他に見られない伝統性と斬新さの両立が掲げられていることである。この両立を支えているのがくらし・生活であることはいうまでもない。

そのためには、これまでにない「おけいこ」のあり方が第4条で、「単位」として規定されることになる。

この会の学習方法は、目的意識的かつ意欲にとりくめるようにするため、次のような単位制度をとります。

初等科	12単位	準師範科	36単位	大師範科
中等科	20単位	師範科	24単位	研究科
高等科	28単位			講　師

1単位は1回の「おけいこ」だから、月2回（1月、8月は1回）の何回の「おけいこ」で、どこまでいけるかの各自の目標が自分で決められ、それに向けての精進もできる。最低年2回の「野草をいける会」もあり、それも単位取得の機会となる。もし病気、多忙などの都合で欠けても、取得した単位は継続を認められているので、過剰な負担にはならない。10年も休んでいて、もう辞めようとさえ思っていた会員に、「そろそろどう?」と声をかけられびっくりして、新たな意欲がわいたという声も聞いた。年会費が払われておれば、かかる長期間の欠席でも会則で単位継続が認められているのである。ある会員は今は講師だが、体調不良による長欠で初心をなくし、挫折という心の負担になやんできたが、この一言で迷いが吹っ切れたと、当時の感激を語ってくれた。まさに、目的意識的、かつ意欲的な参加を保障する仕組みである。

しかし、この会則の実行は簡単なことではない。「おけいこ」を指導する代表とその代理を務める講師の苦労は並大抵ではない。会員がなるべく家の近くで「おけいこ」できるように配慮して、希望があれば、少人数でも各地に教室をつくり、それぞれ担当の代表・講師が出張する体制をとっている。講師は、一定の決められた単位習得を済ませ、技能を高めただけでなく、会の理念を理解しそれを広げる意思を文書試験で確かめられたものに与えられる資格である。いわば技も心も代表の嘉美子さんに代わって、会員に単位を与える資格をもったメンバーである。多くの講師（現在17名）が、各教室独自の方法をとりながらも、会の共通性を確かめ、同時に講師自身の技術の研鑽を共同でおこなうために、月１回の、代表も含めた講師研修の会がもたれる。また会全体の共同運営のための講師団会議も月１回もたれるなど、たいへんな負担である。しかし会員ができるだけ手近かなところで「おけいこ」に参加できるという会の基本理念や会則の文言の実践を大切にするためには欠かせないしくみで、会の民主主義を支える根っこである。講師といっても、大部分は自分の仕事をもっている場合が多く、子育て中のものもあり、講師活動が夫婦喧嘩の原因になるなどもあったほどだという。だが、「疲れていても、教室に行くと元気になる」という話も聞かれる。教えるほう、教えられるほう双方の共同で会の理念の実践が維持されていくことが実感できる。そんな真摯な場だから、口づてに会員が増える。さらに子供も学ばせたいという家庭も少なくない。目下、高校生以下の会員（学生会員）が35名、全会員の１割を上回る。

もう一つ重要な問題は会費である。なるべく経済的負担をかけないで会に参加できるという理念から、負担は破格に安い。花材はなるべく身の回りにあるものや野草を使って、金をかけない方針という。当初、夜間学生の会員が比較的多かった事情を反映して、学生アルバイトの時給がひとつの目安だったという。その考え方は現在でも守られているようである。だから「講師謝礼」は出張交通費程度ときわめて低いし、会の運営そのものも苦しい。しかし、「習いたい人は気軽に参加できる」という理念は経済的負担という点でも、かたくなまでに守られている。そして、よく耳にする、師範の認定に多額の金額が必要だという「世間の風評」は、この会ではまったく関わりない。いけばな修業の目的がくらしの活力をつくりだすことであり、また自己発達であり、認定試験による講師資格も規約にある会の趣旨と主張を世間に広げるためのもの以外にはまったく無用なものだからである。

学生会員の作品（紙粘土に貝殻をつけた花器にいける）

私は数年前に、こうした華原の会の活動の実態を、風の頼り程度でしか知らなかったが、嘉美子さんの古い知人だった縁で、総会に出て、挨拶と会への期待を述べさせられたが、かつての保母時代の活動で発揮されていた積極的で斬新な考え方をいけばなの世界に生かして、伝統文化のよさを庶民感覚をつうじて世に知らせ、保守的風潮の濃い華道界に風穴を開けてほしいといった趣旨のことを喋った。

が、今、本書の記述のための聞き取りをおこなって、嘉美子さんがもともとそうした考えから会を起こし、すでに着実にその目的が実現されつつあることを知り、いわずもがなの駄弁であったことをあらためて恥じざるをえなかった。と同時に、かつてすぐれた保育指導者であり、会の創始者となった嘉美子さんの新たな華道への想い、日本の伝統文化としての生け花の心と技を、日々の労働とくらしの雑事に悩んだりもがいたりしながらも、真摯に生きたいと願う保育・福祉の分野で働く「仲間」のなかに「生きがい」として普及させたいという想いを実現するための並でない巧みな指導のあり方と、そのなかから原田嘉美子の「いけばな仲間集団」として、確たる会をつくりあげた経過、そしてその根底にあるものを探り出してみたいという思いがいっそうつのるのだった。

保育運動のなかなら偶然生まれた働くものの「いけばな文化」

「華原の会」の理念や実践は、嘉美子さんの保育活動でのそれとまったく一致する。いや、正確にいえば、保育活動のなかで培われた思想と経験が、いけばな文化運動に受継がれてきたというべきであろう。だから冒頭で、華原の会理解のキーワードとして紹介した、「大人の権利としてのいけばな文化」と並んで、「子供の権利としての保育」の言葉が嘉美子さんの頭の中にはある。そしてこの両者はどちらも「人間として豊かにそだつための必要条件」なのである。自己の心身を豊かに育て、その人格を発達させる権利が幼児は保育をつうじて、また大人はいけばなをつうじて保障されていくというのが、彼女の経験をとおして確信した「生け花哲学」である。

嘉美子さんは自分の保育の実践記録とそこからえた理論を、2冊の本にまとめて公刊している。その一つは、『レンガの子ども』で、1959年9月の伊勢湾台風で激甚の災害を受けた名古屋南部のヤジエの地に、救援のセツルメント活動をおこなった学生たちが急きょ立ち上げた保育施設での2年あまりの保育実践の記録である。東京で子供たちの生きる意欲を大事にして、ともに育っていく新しい理論にもとづく保育を実践していた保育園で、3年余り保母として学んだ嘉美子さんが、ヤジエの保育施設に1カ月の約束で救援のために来名し、入れ替わった保母のNさんの窮状に矢も楯もたまらず東京の職をやめて再来名し、協力してとりくんだ活動が生き生きと描かれている。そして、気が向いたらやってきて、けんかして勝手に帰ってしまうような、およそ集団をなさず、バラバラな子供たち。それと自分の仕事から手が離せず、厄介者の子供を荷物預かり所に置くような意識しかもたなかった親たち両方にまともに向き合い、2年の間に小学校できちんと意見がいえ、集団生活になじめるような子どもたちに成長させた。そして、ヤジエに代わって建てられた市立保育園にぜひ2人が働けるようにと、その日ぐらしに欠かせない仕事を休み、連日市役所に交渉する親たちへと成長させていった感動が具体的につづられている。この本のなかに出てくる「ぶんなぐり保育」とか、「ＯＮ会議」とかは、当時保育界で話題になったが、ここではまだ旧姓の及川の名で書かれている詩を紹介しておきたい。

一番大切なものは　人間の生命
人間は弁償できない
それだからこそ　私はヤジエへ来たのだ
みんなが　生命を大切にしあいながら
みんなが　お互いに平和で幸せな生活を送ることができるように
そういう社会をつくる人間になってもらいたいからこそ
私はみんなのところへ来たのだ

「人間は弁償できない」とは、ヤジエの子どもが、人間の命は、何物にも代えがたく　尊いことを表現した言葉である。

名古屋市は結局、２人が市の人事委員会の試験を受けていないからという、いかにも役人的な理由で、市立保育園への採用を断った。住民、全国の保育関係者の非難の声の中、市保育団体のボスは、複数の就職先を見つけて提示した。そのとき嘉美子さんは、施設も整い安定した経営状態のK保育園ではなく、半年後には廃園か、とうわさされていた条件劣悪なI保育園を選んだ。そこで人目を惹く体当たり的な保育をおこない、熱心に「園通信」を出して父母に働きかけたりした。そのために、入園希望者もやや増加するなどの成果もあったが、結局3年で廃園となった。さらにその後の2年間、加入していた個人加盟の労働組合として再開要求をつづけたが結局成功しなかった。この2年間には組合役員として、他の保育組合員のいる職場の問題解決にも精一杯奔走した。実は、私もこの組合で彼女にはじめて出会った。この2年間に偶然の機会があって、生け花を始め、最終的に華道に足を踏み入れるきっかけができた。このことは重要なので、すぐ後に触れよう。

当時、嘉美子さんのもっとも希望していたのは、保育労働組合の活動ではなく、保育の実践に加わりたいということであったので、やがて名古屋市南区のもっとも大気汚染の被害が大きい地域で緊急に必要となった乳児を集団であずかる、あゆみ共同保育園に就職した。むしろもっとも信頼できる人としての招聘であった。そして地域に根づいた保育実践の必要上、家族ともども保育園の中に引っ越した。もっとも信頼できる保母として父母たちみんなから期待されて、乳児保育はまったく未知の分野ではあったが、懸命に勉強し、注意深く保育し、キメ細かく観察し、試行錯誤しながら、新たな乳児の集団保育による発達の積極性、独自性を発見し、それを理論化した本を『0歳児集団の発見』(風媒社刊)として公刊し、その分野に問題を投げかけ、全国的にも大きな反響を呼び起こした。これが保育関係の2冊目である。

保育に関してはまったく疎い私だが、一読して目を開かされたのは、0歳児を「託児する」のではなく、「保育する」ことだ、という主張である。「母親の愛情がもっとも大事」という意見にたいして、「主観的感情的でなく、発達段階に応じたあらゆる面での働きかけは何にも代えがたく、大切なものは友達であるということを中心にすえた保育」が必要だと説く。「大人と一対一の関係にある家庭保育では、一方的かつ受動的で、生活そのものが消極的であり、また同年齢の子どもとのふれあいがないので、友達とともに生活する喜びも知らず、いつも自己中心的になりがち」と批判して、「子ども同士のふれ合いがふんだんにできる集団保育のなかでこそ、豊かな愛情が培われる」と主張している。0歳児の乳児にすでに人間としての権利を認め、その主張に注意深く接しながら積極的に働きかけることの重要さが縷々述べられている。この思想は、まさに「華原の会」の理念、原理、実践の中をつらぬいている精神そのものである。

それにしても、乳児の共同保育は、体を張っての仕事である。ちょっとした体の不調でも、見逃せば大事に到りかねない乳児。保育者が常に体を使って積極的に働きかけなければ、異変をも起こしかねない0歳児の20～30人をひどいときには3人職員、3人パートで保育するという労働条件の厳しさは、想像を絶する。その職員・パートの大黒柱としての嘉美子さんの負担はもっとも重かった。加えて、彼女はアレルギー症の体質で、それまでもしばしば喘息の発作に苦しんでいた。重労働に加えての心労で、慢性的過労がつづいた。さらに悪い条件が重なる。職場、即、住まいが立地していたのは、名古屋でもっとも大気汚染がひどい地区である。以前から時々苦しんできたゼンソクがますますひどくなる。乳児に使用するパウダーもその原因に重なる。そんなこんなで、体重が39キロにまで減ったと書いている。夫省三氏の献身的ともいえる協力があった。それがあっても、3年で彼女の「天職」であった保母の職を諦めねばならなかった。空気のよりましな地区にある旧宅で療養しながら、『0歳児集団の発見』はまとめられたが、その「あとがき」で嘉美子さんは、「この本をふみ台にして、ゆたかな経験をもつたくさんの方々とともにこれからもふかめていきます。0歳児保育をさらに発展させていくために。」と締めくくっている。初版出版年次は1970年、このときには華道のことは書かれていない。まだ保育に熱い情熱をもちつづけていたようである。

しかしこの時点で、すでに生け花は彼女のくらしの一部に入ってきていた。ここで、先述の労組役員2年間の偶然の出来事にふれなければならない。

1950年代後半から60年代の初めまでの愛知県内の大学から幼稚園・保育園にいたるまでの私立の学園（学校法人）の多くでは、働く教職員の権利が劣悪で、経営者による労働権無視が横行していた。59年2月に、私が大学教員として採用され、高校でも授業を受け持っていた

U学園で馘首事件がおき、地労委・地裁への提訴を軸に、復帰運動がはじまり、県下のいくつかの私学にあった教職員組合がつくる愛私協（愛知私学教職員組合協議会）の支援が拡がった。私は、U学園の大学に労働組合をつくり、学園全体の民主化に努めようとしたが、過半の賛意がえられず、苦労した。幸い、愛私協が個人加盟を認めたので、加名の同僚6人で分会をつくり、多数の教職員の暗黙の支持をえて、大きな成果をえ、解雇者の大学職員への再就職もかちとることができた。が、こうした組合未組織による無権利状態のもっとも多かったのは、職員が少数、分散的な幼稚園・保育園分野であった。I保育園の嘉美子さんは、やはり個人加名し、「愛私協」の援助で園の継続を経営者に求めて交渉し、私も同じ組合員として「団体交渉」に臨んだこともあった。そのためか、閉園は3年も延長されたが、さらに2年の継続交渉を経て、終幕を余儀なくされた。その間にも他の園での解雇・閉園問題があった。そのうち、個人加名の組合員のいたF保育園では、H保母の解雇をめぐってきびしい交渉がつづき、父母や地域住民の支持も得たが、結局園は閉鎖された。その父母の1人に「日新流」の生け花師範がいた。この生け花との偶然の出会いは、まだ保育運動に全力を傾けていた原田さんの将来を変えることになるとは、本人も含めてだれも予想だにできないものであった。

I保育園閉鎖後も、嘉美子さんは2年ほど保育運動支援の専従職員として、協議会の組織強化によって「連合」（愛知県私学教職員組合連合）となった組合にとどまった。その頃、連合の婦人部長から、組合員の希望が多い「生け花教室」実施の相談を受け、以前、F保育園問題で知り合った師範を紹介した。さらに、時の「連合」の委員長がこうした文化行事に無関心だけでなく無理解で、組合会館の部屋の使用を許さなかったために、市電・市バスのターミナルに近く、人が集まりやすい原田宅を会場にせざるをえないという、事情が重なった。生け花のお稽古は、日頃の緊張下の重労働でたまりきっていた心身の疲労を軽くすることに大きな効果があった。また、しばしば組合員が夜遅くなりがちで、家庭での無理解による心の負担を回避するためのカモフラージュともなった。おはなの稽古といえば、夜遅くなることが許されるという家庭がけっこうあったわけである。さらに、幼稚園・保育園の保母にとって、生け花はもっと特別に重要な意味があった。少数、分散の保母職場では表向きに組合員を名のり、いわば公然とした組合活動をすることはかなり難しい状況にあった。そのため、個人加名の組合員の名を明かさない秘匿組合員となるものが少なくなかった。それは無理解な経営者からの無用な圧力を避けるために工夫されたものだったが、保育をよくしたい、誇りをもって働ける園にしたいという組合員としての自分の正道へのあゆみに反して、己を隠すことでの忸怩（じくじ）さをもつものでもあった。そんな心の翳《かげ》りを、生け花への取り組みが吹きとばしてくれる機会となったことを『種をまく』が語ってくれている。

保母組合の集まりに、花があったらすこしは明るい雰囲気になるのでは、と思い会場におかせてもらったのがうけた。特に出瓶者名《しゅっぺいしゃめい》が大受けだった。当時は非公然といって実名を隠していた時代である。

その名は「組　合子」「団　結子」「賃　アップ子」等々。

生け花が自分の自己主張なのである。生け花が組合活動をみごとに保障してくれてもいたのだ。そんな積極的な意味をもっていた生け花教室が自分の家で開ける、そしてわざわざ師範が出張してくださる。もともと伝統芸能に造詣の深い一家で育った嘉美子さんにとっては、組合委員長の無理解というネガティブだが、偶然がもたらしたまたとない幸運であった。が、逆にまた苦痛の種ともなった。幸運とは、けっして休めない、手が抜けない立場におかれたことである。昼間の疲れで体が動かないほどであっても、先生に迷惑はかけられないという思いと、やってみれば新たな発見があり、成長していく自分が嬉しく、お稽古の楽しさが沸いてくるまでになったのである。保育で成長していく園児の姿と重なるものがあったと彼女に聞いた。苦痛の種とは、教室へかよう生徒たちは、もともと自分たちの職業と組合活動に熱心に取り組むための息休めのための生け花であり、気楽で自由な参加で十分という考えで始めたもので、気軽に欠席することが多くなったことである。「お稽古の時間には家の鍵を開け、花材をとりに行き、花器などの道具を用意する、それはちっとも苦ではなかったが、だんだんに人がいなくなるのが悲しかった。」と彼女は綴っている。

その結果は、時には出席者一人、ということもあり、やがてそれがしばしばという状態になったが、師範は教室を閉鎖しなかった。おそらくは、技も心も本当に信頼のおける弟子をきっちりと育てたいという信念をもち、それにふさわしい人物として嘉美子さんを評価していたためであろう。そしてたった一人の生徒もそれに応えて、修業に励んだ。その甲斐あって、2年ほどの修業で、日新流の免許をえた。失業中のことで、高額な免許取得費用は容易でなかったし、もともと目ざしているのが保育の理論と実践の向上で、免許状はたんなる飾り物となってしまうものにすぎないのでは……、と迷いにまよったが、夫君省三さんの「いただければいいじゃないの」の一言で決まった。原田秀美師範の誕生である。この流派は大正時代の初期、池ノ坊から独立し、東京を中心にひろがったが、「日々あらた」を基本理念とする、生け花界の新しい潮流に属する流派のようである。「一人でいいから教えなさい。教えることは学ぶことです」と免許取得時にいわれた言葉どおり、保母組合の仲間一人を誘い、師弟二人だけの生け花教室が始まったのは、1967年6月だった。その頃、嘉美子さんは先述の南区ですすめられていた乳児共同保育所づくりの運動に、参加していた。念願の保育実践にたずされる喜びのなかでの生け花教室のはじまりは、いくらか奇異ではあるが、「教えることは学ぶこと」を実践して、自身をより高めていくことで、しばらく欠落していた保育、しかも未経験の乳児保育にとりくむための助走としたかったのではないかと思う。つねに前向きな嘉美子さんが、困難が予想される新たな保育園での保母活動を開始するにさいして、生け花教室の「原田秀美」講師にしっかりと後押しされたというわけである。その意味で、生け花は「原田保母(保育士)」のくらしの根底を支える文化力であったといえる。文化力とは聞きなれない言葉だが、嘉美子さん自筆のエッセイ『種をまく』にでてくる以下の文章から理解いただけるにちがいない。

働くお母さん方の願いに応じ、保育時間は朝7時半から夕方6時まで、土曜日はもちろん日曜保育もし、年末は31日まで、新年は3日からという状況であった。住み込みで大変ではあったが、わたしはとても張り切っていた。……1日の保育が終わって、出張稽古に出かけようとする夕暮れ時、アクセルを踏む足が震える。無事教室までつけるだろうか、と思うほどの疲れなのに、到着するとしゃんとなり、とても楽しいのだ。Kさんの友人が4人ほど加わり、更ににぎやかな教室になった。

はりつめた緊張がつづく乳児保育の仕事とはまったく違った、生け花の授業をつうじて湧き出してくる心身のゆとりは、くらしの新たなエネルギーとなる。生け花という共通の話題を介して、保母仲間の関係は、さらに一段と相互の信頼を加えて、いよいよ密なものになり、限りなく新鮮な生活力を生み出してくれるのである。これがここでいう文化力というものである。

暮らしを支援する新たな文化運動の出発

人間の体力には限りがある。3年間のあゆみ保育園は、「乳児共同保育」という新らしい保育分野を開いたが、同時に嘉美子さんの肉体をいためた、たえず乳幼児の体に接触しながらつくりあげていく彼女独特ともいえる体当たりの、したがって体力を必要とする保育実践を、しばらくは不可能とした。仕事をきっぱりとやめた憂さを救ったのは、あゆみ保育園3年間の実践記録をまとめ、世に問うとともに、保母生活以前に東京で勉強した日本舞踊に、再び意欲を燃やしはじめるとともに、新に習得し、免許まで得ていた生け花をつうじて保育仲間たちとの交わりを保ち、ともに稽古の場をもちながら、自らのリハビリにも励むことであった。コトを始めたら少しでも世間に知らせないではおられない嘉美子さんの性格から、１９７２年1月に、踊りの「初舞い」の会を開き、そこに一輪の花をいけた話しはすでに触れた。翌年からは、初舞い・初いけとして会を続け、10周年には、８００人の観覧の客にたいして、踊り出演者55人、いけばな出瓶者34人という豪華な会を開き、時の市長からもお祝いのメッセージが届けられるまでになった。こうした会の中心となって主催するほどに健康は回復してきていた。保育の場への復帰も不可能ではなかったのではないか。

しかしこの10年間に、嘉美子さんの生きる関心は次第に変わってきていたようである。踊り、生け花を通じて、だいの大人が学び、励み、成長する姿がまわりに見えてきていた。そうした発見の喜びが文章になってはっきりと残されている。第9回の初舞い・初いけの会は「家庭生活で日常使っているものを見直し、花器に見立てて花をいける」という、先年に発足した「華原の会」の精神を真正面にテーマとして掲げたが、来場者の案内をしていた1会員が「何流ですといわないと納得されなかったが、それは問題ではないのではないか。出瓶作品をただ作品としてみるだけでなく、自分もいけてみよう、こんな花器、こんな花材でもいけばなになる、と生活を見直す、それを提起しているいけばな展、そしてそれをみんなでつくりあげていることに充実感をもった、その華原の会の存在がなんと大切か」という感想を持ったことを知って、うれしくて飛び上がりたい気持ちになったと嘉美子さんは綴っている（『感動こそいのち』）。正しい保育を通じて、子どもが育つと同じように、舞踊、生け花をつうじて大人が育つことを確信したのである。それを読みながらさらに私は、生け花というひとつの文化が人の感性に働きかけ、その人のもともともっている能力を新たに刺激しながら成長・発達をたすけ促進したり、仲間との交流や信頼をいちだんと深めることに積極的に作用していることを重視したい。仲間集団の形成に文化が大きな影響力をもっているのである。

文化をつうじて感性で共感しあう仲間の関係は、その文化そのものだけでなく、広い暮らしの共感をも引き起こす。こんな会員Kさんの話が「花と私」という講師メンバーの思いを綴った冊子に紹介されている。新潟の農村出身で、名古屋の大学の夜間部在籍のとき、友人のアパートを教室にして、仲間とともに嘉美子さんの生け花指導を受けたが、卒業後は職に恵まれず、傷心のうちにひっそりと帰郷を覚悟したとき、たまたま来室した嘉美子さんに強引に連れられてその自宅に行き、花をいけさせられ、涙ながらに一晩語り合ったことで新たな気持ちが湧き出て、帰郷を思い直した経験を書き、「生け花仲間達」の強くもまた深い信頼の力を実感もし自己変革もなしえたという文章である。「明日は名古屋を出よう」と考えていたその夜、嘉美子さんが現われたというタイミングは、確かに偶然だったかもしれないが、その偶然は嘉美子さんが生け花を教えるというだけでなく教えている生徒のくらし方をよく見知っていて、日頃から心にかけていたからこそ生まれた偶然だったにちがいない。教え、教えられる関係はより全生活的なことにまで交流しあっていたことが、強い「生け花仲間」をつくっていたのである。

そうした目で華原の会の資料を見返すと、同じような想いを語る文章がいくつもある。今、会を代表する家元の役を務める山本純子さんは「……おけいこはもちろん楽しかったのですが、嘉美子先生の保育をしていた頃の話や、華原の会への思いを聞き、心がおどったり、明日からがんばろうという気持ちになったことが思い出されます。おけいこの後のお茶を飲みながら先輩（人生や仕事の、もちろんお花のも含めて）の話を聞くのも楽しい時間」という一文を機関紙「はな笠　59号」に載せていて、生け花の稽古の場がけいこの前後の時間の深い交流の機会となっていたことを語っている。そのくらし全般での交流の成果は、毎年定期的に開かれる「いけばな展」で供されるお茶うけに、会員の手づくりの漬物が添えられたりしたことに現われてくる。「今回のお茶受けは白菜です。寒い1月に漬物作りはたいへんです。しかも六百名分です。お客様の喜ぶお顔に出会えるのを楽しみに、これも会員集団の力作なのです」、また「五月は山菜のおいしい季節、どうしてもお茶受けにしたいと、穴場を知っている会員２人に連れられて出かけました。季節感を出したいとの思いが強くあったからです」といった文章もある（『感動こそいのち』）。これらから想定すると、都会でばらばらにくらす孤立しがちな会員たちは、生活感溢れるばかりの嘉美子さんの心づかいのかもしだす温かさに、ある面では母親に甘えられるような雰囲気に、強く引かれての生け花仲間づくりが進んでいったと思えるが、この一面は意外の大きな意味を持っていたのではないか。

もう一つ、嘉美子さんの魅力はすぐれた幼児教育者としての経験がもたらす指導力の確かさであろう。それが大人に対しても通用するのである。作業療法士として学習障害児や自閉症児の治療を職としていたH氏が「はな笠45号」に書きしるしている「ああ、いいふうに入りましたね、結構でございますよとだけいわれて、花の向きを一ひねり直されるだけで、駄作にも見栄えを与えられます。結局先生は花の持ち味と人間の持ち味とをいっしょに活けていられるのでしょう」という感想文からわかるように、基本をきちんとおさえた上で、後はその人の自主性や創造性に信頼を置くという指導の大切さを学び、自分の仕事にも大いに示唆をえ、役に立ったと書いている。いけた花を見て、その後のなにか別の話のときに短く、きびしく、しかし適切に「そこがダメなの」との一言で自分の欠陥が、あの時の直接の指摘よりも身に沁みてわかったことがしばしばあったと、講師のSさんも語ってくれた。花への対し方を通して、人のありようも見通しての指導は、やはり長年の幼児指導の蓄積なのであろう。ともかく、魅力的な生け花芸術で人を集め、引き付け、くらし丸ごとの交流の中で仲間の気持ちを充足させる大人教育の名手であった。その根底には、大人も成長する権利があるという信念と、それを仲間といっしょに生け花やその他のさまざまな機会をつうじて享受しあうという魅力的な感性の交わりがあった。

「華原の会」の名称が決まる過程でもそのことがきわめて印象的にみられた。まだ始めて数年のうちのこと、いけばな教室の生徒は1年そこそこでやめる人も多かったが、なかに熱心な人は免許が欲しくなる。師が日新流だから、当然華道のしきたりとして「日新流」の免許となるのだが、本部が東京にあることもあって、簡単に取得はできない。当人たちは「免許は先生の名前でいいです。私たちは日新流だから稽古にきたのではなく、原田先生だからきたんです」ということで、急きょ新たな流派名が必要になった。原田嘉美子に因んで、「嘉原の会」が原案だったが、生徒たちとの相談の結果、「華原の会」となった。そのうえに原田秀美師範のいけばな指導の原点である「生活をいける」を頭につけたという。会員が外の人からどこの流派ですかと聞かれ、「ほんの仲間内の会です」とあいまいに答えることも多かったが、そんななかで、先のエピソードのように、生活をいけることの大事さ、すばらしい指導理念をもった会だとはっきりと主張できる数多くの会員仲間がつくられていったのである。

さらに、こうしたベテラン会員に混じって、ヤングな会員も成長しつつあった。めばえ保育園の園児のときから踊りと生け花教室に通っていたという一会員は、「出席するとハンコがもらえる。せんせい、ハンコちょうだいというと、自分で押させてくれたんです。ハンコというのは、単位カードのことですが、子どもだからハンコはいつもいろいろな方向を向いていました。でも、子どもなりに押す喜びと同時に、自分で何か成し遂げる達成感という喜びがあったのではないか。」と振り返っている。その会員が大学に学ぶようになったときの生け花にたいする思いを縷々《るる》語っている。経済的にも苦しい学生生活のなかで、時間とお金のあるひとだけが学ぶものと思っていた生け花文化に触れられて、それを通じて自分も成長し、人として自立できるんだという確信がもてるようになったといった経緯である。誰でも豊かで文化性をもつ人間として成長する権利が重要だという若い学生会員が育っていくのである。

こうした学生会員を、いけばな展では特別のスペースを設けて、観賞させるほどの力を会はもってきていた。毎年のいけばな展に出瓶する会員は１９８９年には１００名の大台を超えた。

華道界で一石を投じる華原の会の活動

生活をいける「華原の会」の存在に確信がもてる会員が育ちはじめたことは、会に新たな意欲を高めさせた。しかし、増える会員のなかには、世間の壁に突き当たって、やめてしまうものも少なくなかった。「生け花を習うなら、名のとおった流派でないと、と母がいう」とか、「華原の会って聞いたこともない、もぐりじゃないの？」といわれた話しが、稽古の合い間の話題になった。会員が理解してくれればそれでいいということで、「百年たったら、大会派になるわよ」と、大笑いでその場が終わることになる。そんな年月を経て、盛大な10周年の「いけばな展」を終えた頃が一つの分岐点ではなかったか。子どもの発達の保障をめざす保育の理念と理論で、生け花をとおして、会員としてもっとも多い保母たちのきびしい現実の仕事の苦しさをのりこえることでの力となれればそれでよいという思いで満足できる会から、より広く、働くものの日常のくらしを支える心の糧となり、自己研鑽して成長し、人としての権利をはっ

調味料の空き容器を花器にしていける

きりと主張できるという明確な主張を、活けた花の型で表現できるようないけばな集団を目指すことに大きく転換していく時節を迎えていたのである。

これまでのような内うちの「初いけの会」でなく、新たな華道集団を主張する「いけばな展」が、「生活に根ざして、生活をいける」の積極的なテーマを掲げて開かれたのは、１９８２年の11回目だった。会の支援者だった名南病院の院長は、会を評して、「永い間、一部の人々の所有だった伝統文化技術が古い因習を打ち破って、働く人々の手によって民衆の生活のなかに、正しく継承されつつある」と述べて、会の将来を激励した。地方紙は「道端や山に咲いている花を採集してきては、自宅にあるナベや酒のビンなどを花器にしていける」と、その斬新性を積極的に評価した。こうした支援者の高い評価を聞いて、「お楽しみの交流会がこんなふうに発展するなんて、考えてもみなかった」と、嘉美子代表は緊張を隠しきれず、「もう前へ進むしかない」と決心したのはこの年の会だったように思える。外に向かってその一歩を踏み出すことになった。

この年、「華原の会」は、オール愛知華道連盟に加盟した。「誇りをもてる会になってほしい。

松坂屋のようなところで他流派と肩を並べるような。」という一会員の声に押されての決断であった。しかし伝統というベールに包まれた華道界の空気は重く、その重圧は、並でなかったようである。加盟の年に開かれた「創立30周年記念展」で出展できた瓶数は、わずか二瓶のみ。前、中、後と３日にわたって開かれる出展の機会がありながら、毎回の展示すらできなかった。しかも、「入場料を取って、天下の松坂屋で開く会で、拾ってきた花といっしょにやりたくない」というあからさまな声もどこからか聞こえてきた。しかしそれに耐え、自らを信じ、誇れる理念を出展した作品のなかにはっきりと表現できる技術の摂取に、熱い想いを込めて努めつづけた。この頃、子育てで数年間稽古を休んで、数年ぶりで再び参加するようになった会員は、会則にもとづく緻密な稽古の雰囲気がみなぎっていて、驚いたと語っている。とりわけ、会全体を指導する講師団の人々の言動のうちにはりつめた空気を感じたという。

その成果は、数年を経ずして現われた。それは１９８５年の第14回いけばな展の頃だったようである。それまで誰でも手軽に参加できるという主旨にもとづく「野の花でもよい、まわりの生活具の器でもよい」から「野の花がよい、生活具の器がよい」への前進である。とりあげた花材のもつ美しさ、可憐さをどう表現するか、それをながい一日の展示の時間を通して、萎れることなく壊れることなく表出しつづけさせるか。それを野の花を使いながら演出することはよほどの技と心を必要とする。野の花だからこそいっそうその技と心が求められるのである。

この年のいけばな展のテーマは「野ぐさでいける」で、野草が力づよく萌えだす5月に、それを思いおもいに使った80もの作品を観て、力強さと可憐さに打たれ、「迷わずこれでいこう」とそれまでの「確信を更なる確信にできた時」だったと、嘉美子さんは感動的に表現した（『感動こそいのち』。その翌年も「野ぐさとのかたらい」がいけばな展のテーマとなった。

こうした華原の会の作品を評して、東海地方で唯一の茶華道専門紙「茶華道ニュース」の記者で、常日頃から歯に衣を着せぬ批評で知られたKさんが、「名古屋にある120あまりのいけばな流派の中で、華原の会は独自の型を持っている。これは勝負事にもいえることだが、型をもつほど強いことはない。その華原の会ならではの型、カラーを大切に、今後も心の琴線にふれるような安らぎの花を咲かせ続けてほしい」と、称賛の一文をその専門紙に掲載した。ことほどさように、華原の会は、高い専門的な評価をえるまでになった。当然、オール愛知主催のいけばな展では、出瓶する作品数も増加し、常時複数の出品ができるようになる。また、華原の会主催のいけばな展も世間の注目度は高まる。それまではローカル新聞の2～3社程度だった取材も、TVをふくめて5社を上回るようになり、指導講師団も大いに気をよくし、その喜びを隠し切れなかった。

「第19回いけばな展（1990年）の中京テレビの放映を観て、「ヤッター」と思わず歓声。前回もマスコミ関係を担当しましたが、例年どおり2社のみの取材でした。今回はそれが一気に5社。生活に根ざしたいけばな華原の会をおおくの人に紹介できる絶好の機会でした」。(会機関紙「はな笠」46号)

しかし、専門記者と一般記者の華原の会を見る目には、ズレがあった。専門家が「型をもつ」とは、華道精神に照らして、きちんとした独自のカタチを表現するということで、まさに、華道流派としての存在が認められたことである。しかし、一般記者、つまり一般世間の目は、野の花をいけ、家庭用具を花器にする新奇さへの注目であり、だれでも学べる庶民的いけばな集団への称賛である。いわば主婦や働く女性の素人趣味グループ・サークルとしての評価に過ぎない。原田代表の、会則にもとづくきびしい姿勢に励まされて、華原の会の指導メンバー仲間がめざしたのは、たしかに前者であった。華道の伝統のよさを取り入れながらも、会則のいう「おくゆかしい豊かな人間性を求める、自己変革」をめざし、「生活に根ざし、日常のくらしのまわりの自然を大事にする文化運動」をおけいこの場のモットーとして相互研鑽に努めてきて、その成果は実りつつあった。

にもかかわらず、取材の中日新聞、東海地方で最も多くの読者をもつこの新聞は、この時も記事にしなかった。他のローカル紙の記事も例年を越えるものではなかった。例年を越えるためには何が必要か。華原の会の課題の模索がつづくことになる。

こうしたなかで原田嘉美子文化集団に大きな問題が生じつつあった。はじめにも書いたが、嘉美子さんはいけばなの「華原の会」と民俗舞踊の「かすりの会」の二つを同じ理念をもりこんだ会則にしたがって同時並行で主宰してきた。その運営の要となったのは、会員の希望にしたがって各地に分散して教室を設け、手近に「おけいこ」ができるしくみで、それを会則に掲げる民主的文化運動としてまとめるために、会全体の運営を保障する講師の役割と負担の大きいことは先に述べた。会員の数が数十人程度ならその負担もなんとかもちあえたが、どちらも100人を超えるようになると、さまざまなひずみを生じざるをえない。加えて、講師の年齢による体力、健康の問題も出がちとなる。このひずみはとりわけ体力を要する舞踊の「かすりの会」にとっては大きかったのではなかったか。「はな笠」の53号に「かすりの会」の講師状況を具体的に説明して、その困難さが嘉美子さんの筆で説明されている。骨粗しょう症、子育て真っ最中、職場での重要ポスト就任などなどである。

こうした状況を考え、嘉美子さんはこれまでの誰でも手軽に文化享受可能を実現するためにこだわりつづけた講師を核とするピラミッド型の組織構造による運営はこれ以上は不可能という事態を認識した。1989年の2つの会の総会で、どちらもサークル化を検討しようという提案をおこなった。そしてそれぞれの会で1年かけてみんなで組織のあり方を討議することとなった。同時に嘉美子さん自身も健康問題もかかえており、負担軽減のために「華原の会」の代表を交代した。

その、1年間のサークル化提案の討議をしめくくる1991年はじめの総会だが、「かすりの会」では受入れを決めた。そして講師団を廃止して全員での運営、進級制度をやめ、稽古では会員の自主参加を求めた。サークルとしての当然の変更である。そして代表として菱川玲子さんを選んだ。嘉美子さんは「創始」として会の発展向上を援ける役となり、同時に過去20年の会の舞踊の成果をまとめ整理するとともに、以後も会を継承発展させることを決めた。この新たな運営で初めておこなった第21回の「かすりの会」公演を終えた後の感想を嘉美子さんは「本当に安心しました。かすりの会は大丈夫です。……そういいきれる舞台を見せてもらいました」と「はな笠」に投稿している。サークル化は成功したかに思えたようだった。

新たな組織への受け継ぎがうまくいったという彼女の観測は、しかし意外に、というよりも当然かもしれない理由で崩れることになる。まず、原田嘉美子に踊りを習いたいという多くの会員が、その「おけいこ」の場がなくなったことで脱会した。踊りを習うことは、嘉美子さんの豊かなこれまでの人生経験を自分のくらしのなかにいかしたいという思いであったが、そうした機会がなくなることへの失望も大きかったのである。加えてサークル化した会が新たな稽古の方針として採用した各地の民謡・民舞の現地に出向き、そこでの伝統的な型を忠実に学ぶという方法は、参加に多大な負担を要するため、それには耐えられないとしてやめる会員もあり、両3年のうちに会員は20名を切るまでになった。

こうした苦しい運営のなか、１９９８年の総会で会運営の根本的な変更があり、原田嘉美子とのかかわりもまったく切れた。名称はそのままでつづくことになった新たな「民舞の会」については、その活動方針がくらしのなかで文化に触れ、その交わりのなかで自己実現を図っていこうという事実をふまえて考察を進めようとしている本書の構想とは違った内容を持つことになるために、ここではこれ以上の検討はしない。別途の構想で取り上げられる機会を持ちたい。

家元呼称をめぐる賛と否こもごも

一方、「華原の会」は1年間の教室ごとの会員討議、アンケート、さらには紙面での意見交換など、全会員が直接、あるいは教室での討議という間接のかたちで参加した総会で、従来のかたちを継続し、さらに華原の会の華道流派としての責任を明確にするために「代表呼称」を変えて、「家元呼称」にしてほしいという意見をまとめた講師団の見解を総意として決めて、嘉美子さんに承諾を促した。機関紙「はな笠」49号は、第1面の半分を割いて、「原田先生の呼称をぜひ家元に」という要請を講師団の責任で掲載している。奇しくも、残りの半分はサークル化を決めた「かすりの会」の代表を受けた菱川玲子さんの決意文であった。

講師団の要請は、「華原の会」のいけばなが「現代に生きる私たちの生活に似合う花、生活の匂いのするいけばなを目指した努力」と、「つねに習う人の立場にという一貫した指導方法」をつうじて独自の花の型を確立し、「10年以上前から愛知県下の他流派と肩をならべて各種花展も出瓶し、生活に根ざした作品の数々は多くの評価とともにいけばな界につねに一石を投じてきました」とこれまでの経過と現状を確認している。そのことは先の項の私の資料整理による、いわば客観的な目でもまったく同じである。にもかかわらず、なおしばしば一華道流派として観られず、いけばなサークルや同好会の扱いを受けがちな現状を危惧せざるをえず、「このままでは原田先生のいけばな理念の実践が一代限りで終わってしまいます。私たちは原田先生のいけばなを後世に残し、伝え続けたいと考えました。そのためにはまず、原田先生に『家元』を名乗って頂き、『華原の会』の責任の所在を明確にする方法がいちばんではないかと考えた」と要請がつづけられる。素人の私には、「会の代表」と「会の家元」の違いが、会の責任の所在の明確化とどう関わるかは、不明にしてわからない。その判断はすべて会の運営の内実にかかっていると思うからである。しかし、詳しい内実をよく知りえないものにとっては、華道の一流派を代表するものの名称が「家元」であることは世間的によく知られているわけで、その意味で「華原の会」がれっきとした生け花の流派であると広く世間に知らせるきっかけとなり、会のいっそうの発展向上につながっていくと判断した講師団、そしてその背後にある会員の切なる気持ちはよく理解できる。

　しかしこの要請は、代表から家元へというたんなる呼称の変更と軽く受け止められず、会の性格そのものまでも変わると周りから危惧される面もあった。これまで「華原の会」は民主的文化集団を高く掲げてきたことで積極的な支持をえてきたが、「家元」という言葉は直感的にそれとはまったく反対の古き封建的な制度として理解されてしまう危険がそれである。華道界での家元どうしの交際も増えるという負担もある。講師団の要請文のなかにも、そうした危惧はいくらか述べられてはいるが、それらは「会員の皆さまとともに私たち講師も原田先生を支える」という決意で解決できると考えられている。最後に「いけばなという日本の伝統文化を一握りの人が受継ぐのではなく、誰でも学ぶ意思のある人のものとするためにいっしょに会をつづけましょう」というという呼びかけで「文」は閉じられている。嘉美子さんとは生け花の稽古にとどまらず、くらし全体を通じ、また人生の生き方を語り合った仲間の関係をもった人々ならではの思いが込められた文章であった。

　2カ月ほどの熟慮の後に、嘉美子さんはこの要請を受け入れた。そのときの気持ちを「はな笠」50号で次のように語っている。「第20回いけばな展がおこなわれました5月12日、私は皆さんの前で家元を名乗る決意表明を致しました。話しながら、涙がこぼれて仕方がありませんでした。もう後には引けないぞ、という緊迫感と、この会は私がいなくなっても、ここにいる皆さんが、後世に伝えていくのだなあーという夢と、私をここまで決意させた講師団の熱意にたいする信頼感、更に、決意させたんだから裏切らないでねという願いが一つになって胸に突き上げてくるのです。私の人生において、これほど決断を迫られたことはありません。……サークルでもなく、同好会でもない、華原の会としての花の形、独自の指導方法、組織運営や理念までも含めて、後世に残すため、今あえて家元を名乗り、その社会的責務を果たそうと決心致しました」。決意の重さがじかに伝わってくる文章だが、その重さを仲間がいっしょに支えつづけてくれるという信頼感も溢れていると感じるのは私だけではなかろう。

しかし、部外者の反応の中には、「家元は権力者だ、天皇制と同じだ」とか「今までとは相反する生き方をするんだね」といった極端なものもあった（『感動こそいのち』）。また、夫君省三さんは結構親しい友人がいくらか冗談気味に「これで蔵が建ちそうだな」などと言われたことがあると私に語ってくれた。原田家族はそうした無責任な罵倒や揶揄《やゆ》をじっと耐えた。やがてわかってくれるときが来ると。

これらとは違って、「華原の会」をよくしたいとの思いからの声もあった。実をいうと、私もその一人だった。そのことに関わって、ひとつの釈明と訂正を書き留めておきたい。

2003年の冬、私はその年の総会に旧友として招かれ、エールを送る挨拶をした。そのときは家元という名称が使われていたことは知らなかった。旧友といっても親しくしていたのは30年以上も前の私学での個人加盟組合の役員をしていた頃の古い話で、その縁もあってか、私が1990年2度目のヨーロッパ学術出張から帰った直後、彼女のエジプトでの日本文化普及活動中に起こった出来事に関しての相談を受けて久し振りに会い、はじめて華道の会を主宰していることを知り、その変身振りに驚いた程度の旧知なのであった。総会に招かれたその少し後、私の名古屋の居住区内で、映画、演劇をつうじて、地域の文化運動を広めようという運動に関わって出席していた小さな会で、家元問題批判をはじめて耳にした。みんなで進める民主的文化運動を冒瀆《ぼうとく》して、独りよがりになっているという主旨の話がひとしきり交わされた。とりあえずその小さな集まりの主題とは関係のないことだったので、私は信じがたいと思いながらも聞き流した。そんなある時、華原の会の設立の歴史と趣旨・理念を書きつづった『種をまく』の書評をある地方紙から依頼されて、民主的文化運動を発展させる主旨で、「家元」問題をテーマとした一文を投稿した。もちろん、さきほどのようなうわさを聞いた後なので、短時間ながら原田さんと話し合う機会をもった。そして「会の水準をさらに引き上げるために必要なこと」と聞いた。また「かすりの会」とのぎくしゃくも耳にしていて、その関係者にも話を聞き、時間に追われて寄稿した短文なかで、「共通の趣味とゆとりを求めて出発する文化集団が、時を経て、会員増と技能の向上、さらにはプロ願望への強まりが生まれ、それを望まない人々とのギャップが生じるなかで、めざす民主制をどう持続させるか」という課題に、前向きに取り組んでほしいという願いを書きつらねた。本書執筆のための聞き取りのなかで指摘を受けてその文章を改めて読み返して、おそらくある世評に影響されてか、私の理解の浅薄さからか、少なくとも一つの大きな事実誤認をしていたことに気づいた。そのことは率直に認めざるを得ない。当時華原の会が苦悩していたのは、「家元呼称」問題であり、「家元制度」問題ではなかったにもかかわらず、華原の会がプロ華道流派への道を求めているとの誤解の上での論評になっていた。そこに書かれた「プロ志向」は正しくは、「プロに伍して劣ることのない芸術レベルを求めての志向」というべきであったと、訂正するとともに、華原の会、とりわけ嘉美子さんにお詫びしたい気持ちである。もちろん会長呼称をつづける道もあったし、そのほうが良かったという思いはあるのだが……。今、生命の中枢器官を病む嘉美子さんにそのことを正確に伝えられないのは心残りである。

ところでマスコミはこの家元名称への変更を大きな変化と受けとったようである。それまで、「華原の会」を記事としてこなかった『中日新聞』は、「生活をいける華道」として第20回いけばな展をはじめて大きく報じた。そして代表の名称を変更したことを尋ね、「家元なんて柄ではないのですが、会の趣旨を継承させるために教え子たちがぜひ名乗れというものですから」と答えたと紹介している。と同時に、「芸術作品をめざすという他の流派を批判しているのではない。花を楽しむ方法はいろいろあっていい」との家元の言葉も伝えている。彼女は花を楽しみつつ、創作し、くらしを見すえ、自己実現をめざす力にするというのが、「生活をいける」を標榜する華原の会の趣旨であることを、マスコミをつうじて広く世間に知らせたかったであろうが、そうした真意に迫る記事とはいえなかった。

家元就任後の嘉美子さんは、華原の会の理念をまもり、そのなかでつくりあげてきた「型」を育て、継承していく後継者づくりに精力を傾けた。そのために稽古のあり方、レベルアップのためのモチベーションのつくり方などにいくつもの工夫がなされた。華展のあとには全員に感想文を書かせ、各人の喜び、感激、苦労を具体的に知り、文章として蓄積し、次の会への資料として残すといったとりくみ、それを科学的とりくみと表現して妥協せず実行した。とくに若い会員のレベルアップにはおおいなる意を注いだ。学生会員のなかのリーダー的会員に「副家元」の名称をなのらせ、いけばな展に出瓶させ、来場者に披露することにして、若い会員の身近な目標づくりとしたこともその一つだが、ここでも幼児保育指導の経験の模倣をうかがわせていて、おもしろい。こうした意識的な努力で、深刻だった講師負担の問題を「華原の会」

の原則に沿ったやり方を通じて打開していった。そのことは嘉美子さんが国際文化交流事業で生け花普及のためにエジプトへ渡った1年半ほどの間の会の経験と実績で明らかとなる。この間の定期いけばな展は二回とも出瓶者、来展者どちらも増加し、とりわけ来展者は７００人から８３０人と、漸次ながらも着実に増加していた。家元不在のなかでも、大人の権利としての生け花を掲げて華原の会を名乗る「原田嘉美子いけばなの会」は、その目的を目指しながら自覚・自立したメンバー一人ひとりがしっかりと信頼で結ばれる「生活をいける華道　華原の会」となったことを証明するに足る実績である。嘉美子さんのエジプト行きは、文化の交流、日本の伝統文化を彼の国に紹介するという成果をあげたが、「華原の会」にとっては、メンバーが会をより深く理解し、自立・共同の実を実らせるという貴重な機会ともなったわけである。

1997年９月ピラミッドをバックに花をいける

エジプト帰還後、嘉美子さんはそれを実感したのか、はや二日目に会の事務・庶務を担当する秘書団を集め、講師資格の取得を強く勧めた。技術未熟を理由に講師資格の認定試験を申し出ない彼女等への期待をこうしたかたちで表明したのは、会を盛りたてるためにいっそうの積極性が必要だと感じたからだった。『感動こそいのち』のなかで書いているように、会は「指導部によって決まる。鉄は熱いうちに打て！」である。それを全会員に実感させるためか、それまでは出瓶することに意義があるといい続けてきたのとはまったく逆に、帰国後初の生け花展では、出瓶を新講師も含めた18人に限定して開いた。その意図が広く伝わって、前年を上回る来展者と、マスコミの注目を受けたが、「なによりも会員の声に励まされ……新米講師たちもそれに感動し確信をもてた記念展でした」と、めずらしく自己主導の会の成果をほめたたえている。

こうした思い切った計画を推し進めたのにはもう一つ理由があったのではないかと思う。そのすぐあとから家元交代計画を口にし始める。会員や支持者も増え、２００１年の21世紀初年の第30回いけばな展では出瓶者１５０名、来場者１７８３名を記録した。その記念的な30回展目のプログラムに嘉美子さんの詩が載せられている。出発からここまでの彼女の思いがよく表わされており、ぜひ紹介したい（『感動こそいのち』所収）。

　使い捨ての時代に
捨てるものを器にし、　雑草を生ける
ささやかな抵抗だったけれど
「これもいけばな」、　そう胸を張った

時に笑われ、　時に忠告され
ともかくもここまで歩いてきた
しかし振り返れば　多くの人の手助けがあった
賛同者の声もたしかに聞いた
そして何より
遺志を受継ぐ二十二名の同志を得た
私の生命を越えて　明日につながる若人のエネルギーを得た
この三十年ありがとうございます　ただひたすら感謝

この詩は入院中のベッドで浮かんだと書かれている。二十二名はもちろん増加した講師であろう。この30回には、小中大生26名が出瓶したことも書き添えられている。

嘉美子さんは、32回展を最後に、厳密すぎるほど厳密な手つづきで民主的に選ばれた次期家元、山本純子さんに後事を託して、安心して引退することができた。それでも、「いけばなは誰にでも手に届く文化であってほしい。やりたいけれど遠い世界のことと諦めている人に、私はゆさぶりをかけたい」と、意欲はますます盛んであった。病魔に冒されることがなかったら、と痛切に思わざるをえない。

「嘉美子いけばな集団」をのりこえるもの

2003年、嘉美子さんは家元を引退し、若手の山本純子家元に交代した。その交代の手続きは、厳密な民主的ルールによっておこなわれた。その記録も詳細に残され、会の機関紙に掲載して、200人を上回る会員に周知した。こうしたプロセスは、「家元呼称」が、華道界についての社会一般の理解とは異なるもので、「嘉原の会」を世間に華道の会として正当に認知させるためのものであることが明らかとなったということと積極的に評価したい。山本純子さんは家元への立候補を「技がまだ未熟だから」と躊躇《ちゅうちょ》しているとき、嘉美子さんから「技はこれからも磨けば上達する。大事なことはあなたがこの華原の会をどうしたいかの姿勢です」と励まされたという。会則の目的にかなった集団づくりの能力がもっとも大事だと改めに気づいて立候補したと、そのときの気持ちを語ってくれた。福祉施設で働いている新家元の負担は大変なことに違いない。家元選出に当たって、その労苦をともに背負い、援助するという関係家族や施設責任者の文書による意思表明までなされていることの意味の重要さがわかる。現に、新家元は比較的夜の行動が自由な部署に移って、勤務先から仕事と会務の両立の便を図ってもらっているという。3人の家元補佐、さらに17人にものぼる講師（実際に教えているものの

2004年家元を交代

み）が同じ悩みと志をもって、仲間の絆を強めながら会の運営を援けている。大所帯の会の運営は、こうしたビュロクラシーなくしては成り立たないにちがいない。そこに実質的な民主制の風をどう吹きわたらせつづけるかが常に欠かせない課題であるが、今年、２０１０年は二度の華原の会主催の場に顔を出し、全般的にうまく運営されているとの印象を持った。とくに山本家元の庶民性と原則性が会員全体にいい仲間関係をつくっているように感じられた。

一回目は、華原の会の、しかも45周年という記念の場で、家元あいさつにたいして温かい激励の声が飛ぶなど、華道の会という性格からまったく予想もしていなかったので、まさに驚きであったし、花手前というはじめて観る行事では、会員一人ひとりが思い思いの花を一枝持って、壇上の大きな瓶に生ける、まとまるのか心配だったが、最後はベテランの一枝で、ちゃんとまとまる、共同作品に思わず拍手した。単位表彰授与風景も面白く、すべて同じ表彰文言だが、上級になると、賞状のなかに共通して書かれている「大きな拍手を」の部分だけがより多く繰り返されて、努力の蓄積をみんなで讃えていることが、ほんのちょっとした心遣いで示されているのには感心もした。ともかく、柔らかな雰囲気で、心が和んだ。

6月の、年一回恒例の「いけばな展」にも足を運んだ。今年はテーマに「身近なものを器にして道端の花をいける」を掲げ、各教室やグループが独自にテーマを表現するという趣旨で展示されて、「華原の会」の原点をどう表現するかが課題のようだった。花ごころのない私だが、ふだんわが家の周りで憎々しげにはえ茂っている「どくだみ」がこんなにも美しく、しとやかな姿を見せるのかと驚き、すぐにしおれてしまうようなかよわな野の草花が元気いっぱいピンとしていて、廃品として捨ててしまうような小瓶に収まっている作品に目を奪われた。嘉美子さんが確立した原点の種はすくすくと会場一杯に葉を茂らせ、花を咲かせたという言葉がすぐ心に浮かんだ。山本家元は機関紙の中で、「会のいのちである〝生活をいける〟がぐらついてはいけません。ぶれてもいけません。私は、皆さんの作品を見て、確信がもてました。『大丈夫、ずれていない』と。身近な草花、雑草をいとおしみ、生活に似合う花をいける、会の真髄を感じました。これでまた、大きくチャレンジできると思います。」と書いている。「野草がこんなにピンとしていて驚いた」という私の感想に対するコメントは「朝出展したら終わるまで手直しはしない。花がピンとするには人がピンとすることです」との声が返ってきた。

「大きなチャレンジ」という文字に、目がとまった。ぜひ期待したい。部外者の言うことではないが、いろいろ資料を集め、整理し、多くの聞き取りを行い、実際の活動の場を見せてもらって、昔からの嘉美子さんとのちょっとした付き合いなどを思い出しながらの「華原の会」の紹介を終えるにあたって、私が期待したいチャレンジをつぶやかせていただきたい。

今現在の「嘉原の会」は嘉美子さんが描いていた「大人の権利としてのいけばな文化」の実現をめざして会員の人間的な成長をともない、協力しつつ、切磋琢磨しつつ、しっかりとした民主的文化集団づくりという誇れる実態を備えてきている。それを、まさにそれを、さらに対外的に広げる努力を期待したい。

第37回いけばな展

2010年、名古屋は秋のCOP10の開催を前に、今、生物多様性保持の重要さをそれこそ多様なかたちで話題としている。それにも直接関わって、もう一つのCOPのテーマの地球温暖化問題にも関心が高まっている。どちらもこの秋以降もひきつづいて取り組まなければならないもっとも現代的テーマである。

庭や道端にある野草を大切にすることで、品種改良を重ね、ハウスで暖め、多量の肥料を使い、遠い産地から輸送されてくる豪華な花の美しさ（それは美しいかもしれないが、どれだけ地球の自然を壊していることか）にけっして劣ることがない自然の花を、手近かな生活道具を使って、千金万金の負担をしてあつらえた花器にもまさる創作「うつわ」に置くことで、人類の生活環境を悪化させるCO_2を余分に排出させることなく、しかも心身ともにすばらしいくらしを自分の手で創造していることが「華原の会」の活動であることを積極的に掲げて、いろいろな方法で、もっと外に向かって発信してほしい。たとえば、名古屋のできるだけ多くの幼稚園、保育園の子ども、さらにはその親の大人にたいして、地球環境の危機という現代的意味をもっていることがらを、日本人の心の奥深くに宿っている伝統芸術をつうじて、じかに目の前で見せ、その心の大切さを話し、語り合う機会がもてたら、どんなにすばらしいことかと夢見るのである。かなり現実的な夢ではないだろうか。そのことによって、現在は会員の半数近くにまでなっている保育・医療関係者という設立時の事情をもつもの以外の会員がいっそう増加し、また会員が名古屋南部にやや限定されがちとなっている現状をもっと広いものにしていくこととなり、「華原の会」の、いわば普遍化が図られていくことにつながる。そのようにして現代は人と人のつながりが極めて希薄になっている社会であり、とりわけ大都市ではその傾向が強い。その大都市でばらばらになりがちな人の心をつなぐコミュニティとしての華原の会の活動を続けていってほしい。

生活を活ける文化をとおして、くらしを交流しあえる場として、心もくらしもゆたかになる都市地域でのコミュニティづくりを奥ゆかしく進めていったら、「生活をいける華道　華原の会」は、これまで確立してきた「原田嘉美子いけばな文化集団」に新たな華を加えていくことになるのではなかろうか。

もちろん、こんな貧相な私の発想にこだわらない会員の創造性に期待したい。

（参考）
この章で引用させていただいた「華原の会」にかかわる原田嘉美子さん執筆の出版物は、
『種をまく』　２００２年　みずほ出版
『感動こそいのち』　２００３年　みずほ出版
です。

その他、「華原の会」については左記の会事務所へ。
〒４５７―０００１　愛知県名古屋市南区平子２―12―19
電話・ＦＡＸ　０５２―８１１―１９９９

第４章　偏りなく注ぐ、太陽を地域のエネルギーに

フロントランナーとしてのＰＶネットの苦闘

進む地球温暖化のなかでの国際的運動の現状と発電事業問題

「南極の氷棚が融け、大陸から離れて、巨大な氷山になった」「グリーンランドの氷河の後退が進んで、地肌が大きく露出しはじめている」「数年後の夏には、北極海の氷がぜんぶ融けて、氷山がなくなり、そこを狩場にする白熊は餌のオットセイの捕獲が不可能になる」などなど、温暖化の進行による地球の異変に関わるニュースが連日のように伝えられる。そのために、海面の上昇が進み、ツバルやモーリシアスなど大洋の中の国々の水没の危機が迫り、オーストラリアの土地がツバル国民の居住地として提供されることになったなど、一国の国土の存続にも関わる報道も聞く昨今である。

にもかかわらず、温暖化ガス削減の実行は遅々として進まない。1988年に設立された「気候変動に関する政府間パネル」（IPCC）が科学的論議の末に出した大量の温暖化ガスの過剰な排出で地球の気温の上昇が起こっているという結論にもとづいてだされた勧告に押されて、92年に「気候変動枠組条約」がやっとまとまり、CO_2などの排出を2000年までに90年水準に戻すことを決めた。しかし、その後もアメリカ、日本などで排出の増加がつづいたこと、さらに「条約」が2000年以降の目標を規定していなかったことから、条約を締結した国々が、これまでの大気環境悪化に責任のある先進国の削減数値目標を決める議定書の採択をめざす会議、つまり「締約国会議」（COP）を重ね、1997年に京都で開かれた第3回会議（COP3）で紛糾しながらも、年末になってようやく「京都議定書」をまとめ、2012年までに、1990年基準の5％減を達成する、そのためにEU諸国8％、アメリカ7％、日本6％減を実現するという合意がなされた。そのことは地球環境を保持するための画期的な成果であった。

しかしその直後に政権の代わったアメリカはすぐにこの合意から離脱してしまい、「議定書」のとりまとめ役で実行に指導的役割を果たすべき日本も、それ以後ひきつづいて基準年を上回る温室ガス廃出実績を続けることとなる。「議定書」の合意目標の実現不可能の見通しが拡がるなか、いちだんときびしい温暖化危機が進行しているという科学的研究分野からの指摘があり、2050年時点で基準年（1990年）とくらべて80％減を達成するという長期目標が国際合意された。しかし、それは問題を将来に先送りする措置にすぎないとの批判が強くもりあがり、その目標を確実に実現するための2020年までの中期目標をどうするかをめぐって、ひきつづきCOPの会議がもたれ、合意成立が期待された2010年のコペンハーゲンでのCOP15も結局失敗に終り、つづくメキシコのカンクンでの会議でも、最終結論に達しえないままに終了した。

アメリカの著名な環境運動家レスター・ブラウンは、最近著『プランB4・0』のなかで、これらの交渉を評して、「他国よりも踏み込んだ譲歩をする政府がないことから、炭素排出量削減で交渉される目標が、最小限になることは確実……合意の交渉と批准には何年もかかることから、とにかく時間切れになる可能性がある」と述べ、きわめて悲観的である。

こうした状況を打開する最大の決め手は、環境危機についての温室ガス排出の多い国々の国民の関心をいちだんと広げ、また高め、その世論を力にして国民的大運動を展開することであり、またそのために欠かせないのが排出の元凶を明らかにする明確な情報開示をさせることである。わが国についていえば、そうした情報の一つである「温室効果ガス排出量公表制度」がつくられたことによって、詳細な大口排出業種と企業別の推定排出量が一般に知られるように

表4-1　2008年度主要事業所温室効果ガス排出状況

企業名	排出量（万トン）	日本全体の排出量（128,200万トン）に占める割合
I）大口6業種の企業	78,889	61.5
①電力全体	42,019	32.8
東京電力	8,806	6.9
中部電力	5,118	4.0
電源開発	4,320	3.4
東北電力	3,178	2.5
関西電力	2,711	2.1
中国電力	2,573	2.0
九州電力	2,163	1.7
北海道電力	1,767	1.4
北陸電力	1,668	1.3
相馬共同火力発電	1,162	0.9
②鉄鋼全体	17,030	13.3
新日本製鐵	5,251	4.1
JFEスチール	5,032	3.9
住友金属工業	2,091	1.6
神戸製鋼所	1,555	1.2
③化学工業	7,398	5.8
④窯業土石製品製造業	6,478	5.1
⑤石油製品・石炭製品製造業	3,338	2.6
⑥製紙	2,626	2.0
II）その他製造業	5,156	4.0
III）製造業以外（農業、鉱業、建設、都市ガス、熱供給、業務）	3,356	2.6

（気候ネットワーク推定）

図4-1
温室効果ガス
上位40社で日本全体の50%排出

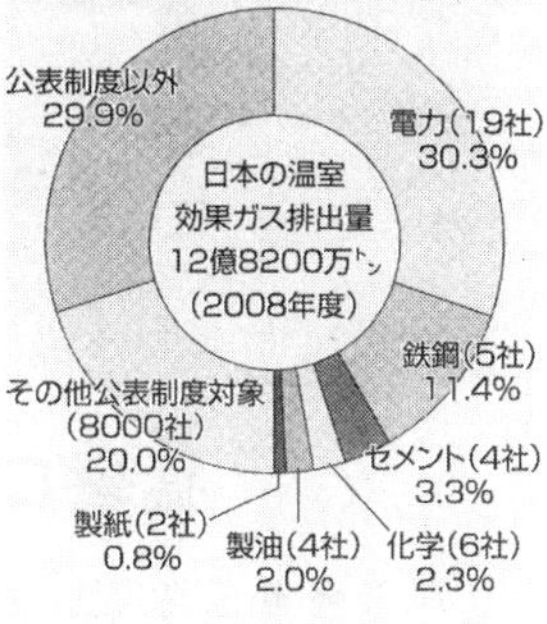

備考：温室効果ガス排出量公表制度により作成

なった。第4―1表はその情報によってNPO法人気候ネットワークが推計した2008年度の主要業種の温室効果ガス排出量と日本全体の排出量に対する割合であるが、全排出量の33％近くを占める電力部門の際立っていることがいちだんと目を引いた。事業所別では、中部電力碧南火力発電所がトップで、1・8％の2300万トンをこの一事業所が排出している。その他大口では、ほかの電力会社の大型石炭火力発電所が目だっているが、これは変動する電力需給への調整が困難な原子力発電に依存する割合が増加してきたために、需給調整が容易でかつ原料費の低い石炭火力を増稼動させていることが最大の理由であり、ヨーロッパやアメリカでその規制が強められているこうした経営方策に対して、日本ではいまだに経営優先が放置されてきたためだと分析され、解説でも強調されている。図4―1でもこれらのことがよくわかる。

ここでもし、こうした「地球をこわしかねない質の悪い電気は買わない、たとえいくらか高くても、あるいは年に一度二度の送電トラブルがあったとしても、もっと環境破壊ガス排出のない良質の電気を買う」という選択が消費者に可能だったら、市場のしくみからいって、温暖化ガス排出の多い電力会社の電気の消費は減り、よりましな他の原料の割合の多い電力会社の電力を購入することとなり、地球環境の保持にいくらかは貢献できるにちがいない。が、残念ながらその選択は、今は不可能である。安定的な電力供給を最優先するという原則を掲げてつくられている目下の電気事業法の制度で、発電、送電、配電が地域的に特定された区域内で特定の電力会社によって独占的におこなわれているためであるが、こうした政策をいくらかでも手直しすれば、なにがしかは選択可能となる。そうした条件のもとでは、電力消費者の自由な意志判断が大きな意味をもつであろうし、また先の温暖化ガス排出情報の公開の効果は大きな意味をもち、科学が指し示しているあるべき環境保全目標達成のために大きく役立つにちがいない。せっかくの情報公開のデータは、一朝のみの話題として提供されて怒り呆れはするが、すぐに忘れ去られ、マスコミの深い追求もほとんどないのが、残念ながら今の実状である。

電力自由化の動きがなかったわけでもなかった。２００２年１２月の暮れ近く、いくつもの全国紙はその動きをやや詳しく報じている。図４―２はその一つである。後述するエコテックも機関紙「Ｓｕｎ　Ｓｕｎ　エナジー」（36号）で同じことに触れて、すでに実施している２０００ｋｗ以上の需要家を対象とした自由化で限られた新規参入企業による競争により、大企業向け電力料金がかなり下がった（『電気新聞』によれば２０～数％）ことを伝え、また今後のいくつもの方針へのパブリックコメントがなされていると書いた。この期待される情報で、私はその後の動きに注目し、０５年の50ｋｗ以上までの予定どおりの進行と０７年までに一般家庭への拡大の検討実施を新聞報道で確認したが、以後はそこまでの効果の検証を含めてほとんど情報が途絶えた。また一般家庭までの自由化は

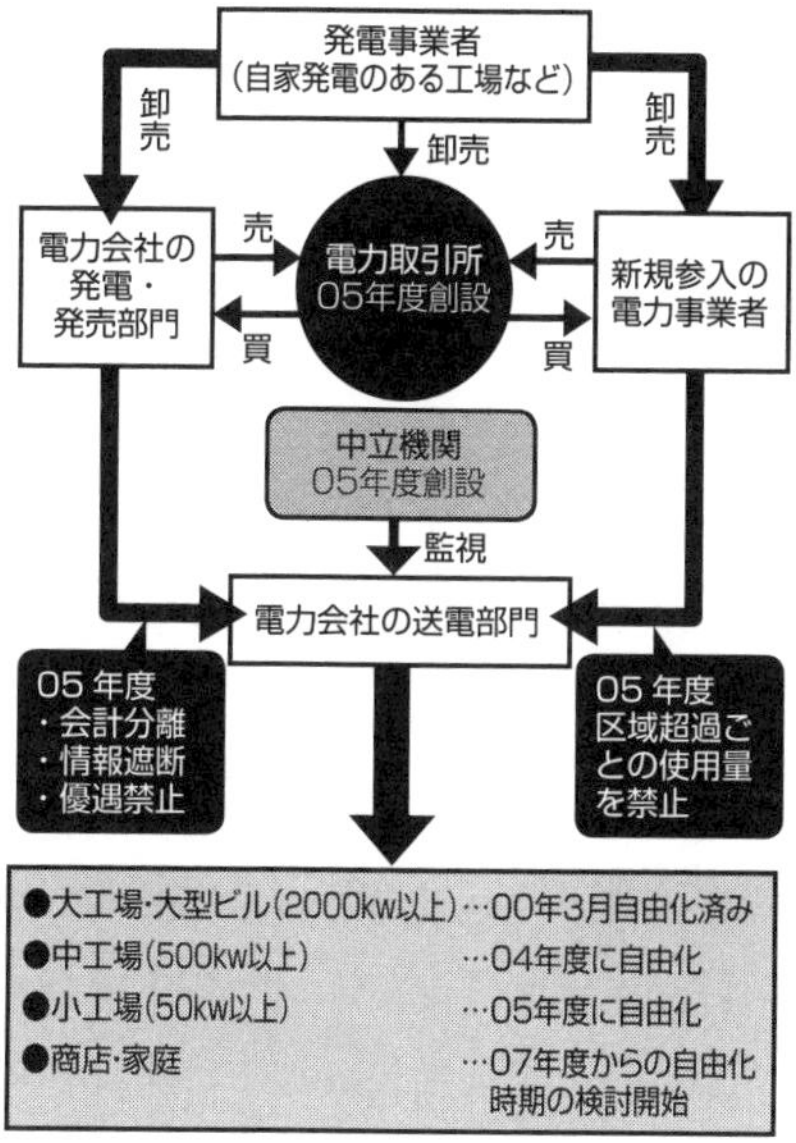

図4-2　電力自由化の流れ
（2002年12月26日『朝日新聞』朝刊より）

時期尚早として見送られたという結果のみのベタ記事も見た。自由化の流れを阻止するよほど大きな壁があったにちがいない。私の限られた資料の整理で知りえた限りでの詳細はここでは措くが、ＯＥＣＤの勧告や公正取引委員会の見解をまったく無視して、全面自由化を有効ならしめるカギともされる「発送電分離」を曖昧化しそして無視させてしまった政・官・財（さらにいえば労）一体となった大電力会社擁護体制が厚い壁となったことは、ほぼ推察できる。それらに守られて原発依存の強化が進み、以前は自由化市場に流れると予測されてきた余剰電力は、大電力会社がオール電化を宣伝・推奨するなかで市場化せず、小規模工場を含め、一般家庭までの電力自由化という基本的な課題は完全にもみ消されてしまったようである。余剰電力を使う揚水発電という馬鹿げた無駄も進んだ。当然ムダなダムづくりを伴った。

いずれにしてもこうした中途半端に終わってしまっている電力消費者のためになる改革をめぐる状況を変えることなくして、温室排ガス削減の実効がなかなか上がらないことは明らかで、そのためには少なくともヨーロッパ諸先進国とくらべてあまい国による石炭火力発電の規制強化政策の実現を国に迫ることがせめてもの情報を生かす道である。しかしそれを実現するためにも、広範な国民的運動やそれを支える世論が欠かせないが、世界的経済不況やその中での競争の激化、雇用不安の増大などで、運動も湿りがち、また分断されがちで、なかなか足を踏み出せていない状況が色濃い。この地球危機の状況の中で、国民世論はまたも「景気か環境か」

のかの陥穽《かんせい》に陥らされているように思える。しかしこの両者をトレードオフとする発想は、もはやありえないことは明らかなはずである。地球環境の危機下では、それに対して適切に対処できない経済の存立持続は、人類という生物学的な類の自殺への道であって、許されてはならないことはいうまでもない。今、経済自体のあり方を変更することが絶対に必要である。グローバル化した経済の行きづまりで、雇用や環境への解決の道が見出せないのは、従来の経済に固執するからであり、本書のこれまでの章で取上げてきた農業、保育・教育、福祉・医療の分野で今切実に求められている充実を可能とするような新たな施策への大きな転換がなさるべきときが到来していることがここでも如実に示されているのである。そのための基底的な力を探るために、これまで三つの話題を進めてきたが、これから扱おうとしている電力・エネルギー分野も、地球温暖化にもっとも大きくかかわっていることからいって、そうした政策変更が緊急に求められている分野であり、その変更が現下の経済閉塞打開のためにもっとも大きな実現性をもった分野でもあることを強調したい。

アメリカのオバマ大統領の提起した「グリーン・ニューディール」政策は、この転換の実行をアメリカにとどまらず世界的に促進させつつある。ドイツの連邦環境省の報告による「環境政策と産業政策の融合化」の提起、つまり環境政策を促進させることが産業の発展に直接結びつくことを明確にし、現に代替エネルギー分野（太陽光・風力発電）でいちじるしい成長と雇用増をもたらしている。まさに「経済は環境と両立する」のであり、さらに言えば、「環境は新たな経済を誘発する」ことがもっとも明らかな分野は新エネルギーに関わる産業であるというのが世界の潮流なのである。このことは日本ではもっともっと強調されなければならない。なぜならば、それら分野は1973年の第一次石油ショック以来、省エネ技術とならんで、日本がとりくんだサンシャイン計画に触発された新エネルギー開発分野で世界の先頭に立ってきた実績をもち、技術的にも高い水準をもちつづけているだけでなく、関連産業分野の広さからいっても開発ポテンシャルのもっとも大きな分野だからである（岩波新書『低炭素経済への道』）。

それを強調しながら、一方でもう一つ加えたいことがある。それはエネルギーがもっともっと国民のものにならなければならないということである。これまでの国民とエネルギーの関係では、消費者はまったくの受身の立場に立たされてきた。もっとも日常生活の身近にあるエネルギーは電力であるが、消費者はただスイッチをひねり、ONボタンを押せば利用でき、あとはメーターの検針数字で請求される料金を支払うだけで、それも多くは金融機関での自動振替えで済まされてしまう。電力を消費し、地球環境破壊にもっと深くかかわった日常生活を、どれだけの人が意識するであろうか。使用の便利さ、簡単さが強調される電気機器が市場に氾濫している。そして日常語になっている「省エネ」の文字に引かれて購入した機器を、便利さだけで無駄に過剰使用してしまい、使用電力料金は結局思ったほど減らない、逆に増えてしまうといったことさえ起こるというようなくらしのあり方が「問題だ」と家族みんなで意識もし、語られたりもするようにならなければならない。

電気エネルギーはもっとも良質で、きわめて贅沢なエネルギーであり、それをうるために多くの熱エネルギーを浪費する。発電にともなう未利用の廃熱である。その電気エネルギーをまたもとの熱エネルギーとして消費者が使うとすれば、なんとも馬鹿げた話である。昔はかまどで薪を燃してご飯を炊いた。おいしいご飯を炊くのに苦労して、「始めちょろちょろ中ぱっぱ……」といった言葉を誰もが口ずさんだ。今は電気釜がすべてをやってくれる。それで時間が節約でき、主婦の労働を軽くし、くらしをどれだけ豊かにしたかを考えるまでもなく、文明は肯定されるべきである。が今や、それが過剰過多となり、最終的に地球環境問題にまでつながってきていることを自覚し、できるだけ文明と自然を調和させる文化的生活を追求することの重要性を強調したい。環境問題と深く関わっている電気エネルギー問題は、実は現在と未来の国民のくらし方とも、広く深く関わってくる問題であり、誰でも電力にたいして主体的な関わり方が求められているのである。新たなグリーン産業が重要な位置を占める経済社会は、市民一人ひとりの意思やニーズが生かされる経済民主主義の社会でなければならない。もちろんその社会は農業も福祉も新たな意味づけのもとで重視される社会でもあるはずだが、その性格がもっとも日常的に、またもっともわかりやすい形で現われてくると思われる電力、そのなかで太陽光発電をめぐる話題をとりあげ、私自身のいくらか深い関わりにも触れながら、エネルギー分野における経済民主主義というテーマの持つ問題を提供したい。

私の自然エネルギーへの個人的努力の跡とその限界

まずは私自身の経験である。１９９６年に私は40年ほど勤務した大学を定年退職したが、その数年前から、公害・環境問題を講義の大きなテーマとしてとりあげながら、自らもいろいろ学ぶことが多かった。そして対策にとりくむことで利益があげられる若干の場合を除いては、自発的な環境対策は進まないこと、そのための国の法制度による強制なくして有効な環境対策はありえないが、そうした対応をとらせるためには国民世論の強い関心が不可欠であることを強く確信し、学生にも語り続けた。

当時は「京都議定書」を履行するヨーロッパ先進国の成功事例が、ようやく数多く紹介・研究され、とくに化石燃料に頼ることなく、無尽蔵に供給される再生可能な自然エネルギー利用の必要性、不可避性の論議が進み、なかでも技術的安定性にすぐれていた風力発電や太陽光発電による電力を電力会社が「自主的」に一定量買いとり、系統システムに連結することが可能になるなど新たな時代を迎えていた。このうち発電モジュールの生産で世界1位の実績をもつ日本の太陽光発電では、１９９４年から新エネルギー開発機構（ＮＥＤＯ）と新エネルギー財団（ＮＥＦ）による個人住宅用の施設についての直接補助制度が始まった。またデンマークやドイツのすぐれた発電設備の紹介、その輸入による実用化などを通じて、風力発電も大規模事業として進行していった。

１９９６年、私は、退職金の有効活用を考え、自然エネルギー問題に精通し、その普及のために尽力されていた旧知の先進的な電機技術者集団でつくるワーカーズコープの代表である都筑健さんに勧められて、家庭用の太陽光発電を導入した。幸いにもＮＥＤＯ事業への申請が採用されて、モニターとして3年間の実績報告を課されたが、施設整備費の50％補助という有利な条件をえた。ただ当時の技術・普及状況から約4キロワット容量の機器の設置費は４００万円で、同時にとりつけた太陽熱温水器とあわせて、合計２５０万円の実出費は、けっして軽いものではなかったが、環境問題へのささやかな貢献を願っての決断であった。実際に発電を開始し、メーターに発電量が表示される数字を見て記録し、さまざまな分析を加える楽しさは、たしかに想像を超えるものであった。玄関横に「ＮＯＨＯＲＡ　ＳＯＬＡＲ　ＳＴＡＴＩＯＮ」の小さな看板を掲げ、太陽光発電所長の誇らかな気分も味わった。わが発電所でつくりだされた電力は系統連結され、昼間の余剰電力を中部電力に販売し、夜は逆に購入する。その販売電力料金の請求を相手会社に任すか自己計算によって自分でおこなうかの選択

NOHARA SOLAR STATION

では後者を選んで、面倒な計算と手続きを1年間おこなった。おかげで、それまでまったく知らなかった個人消費用の電気料金の仕組みが分かり、その反消費者的、反エコロジー的性格を実感することができたのは、おおきな知的財産であった。加えて、中部電力社長殿と宛先を記載して請求書を送付する快感にも、たっぷりと酔った。もっとも、あまりの煩瑣にねをあげた中電側の強い懇請で2年目にやめた。

　電力料金は、電力の安定供給のために、電力会社が安定して存続することを第一にした法的制度によって決められている。そのため、この料金制度で決められた料金で、発・送・配電を地域別に独占する9電力会社の管理を通じて供給される電力を、消費者は、ただまったくの受身で使用するに過ぎない立場におかれることになる。料金の自動振込みが普及している現代では、停電などのトラブルがなければ、電力会社相手に発言し、意見をいうことはなく、よほどのことで興味をもたなければ、電気料金の仕組みを調べる機会もない。私の知りえた若干を実数を使って示しておこう。一戸だけではごく少額にみえるが何百万戸となれば膨大な額となる。

一般に大口消費者の料金が安く設定されるのは規模の経済を重視する資本主義社会では当然かもしれないが、そのことが大口利用とくらべて高く設定されている小口の家庭用電力でも適用されることがわかって、驚いた。家庭用が適用される従量電灯の料金は、基本料金と電力量料金の合計（と少額の燃料調整費、および消費税）で算定されるが、前者は使用量いかんに関わらず定額、後者は電力使用量によって段階別に決まっている単価を掛け合わせたもので、その合計で決まる。他も同じであろうが、わが中部電力では段階別の単価は３段階に分かれ、使用量が低いほど単価が低く、使用量が高いほど単価も高い。これは使用量が多ければ発電量も多くなり、設備増につながるので、消費者にとって公平にみえる。が、実際に計算してみる（表４―２）と、逆に

表 4-2　家庭用電気料金のしくみ
（中部電力従量電灯Ｂ契約での一例）

平成９年分			平成 19 年分	
使用量別（kwH）A	1kwH 当たり（円）B	同指数 C	B	C
～ 120	37.75	100	38.78	100
～ 200	31.34	83	31.29	81
～ 300	28.28	75	27.55	71
～ 600	26.09	69	24.53	63
～ 900	25.36	67	23.52	61

使用量が多ければ多いほど単位当りの電力料金は低い。これは、発送配電設備費と管理費として徴収される基本料金部分が高目に設定されているためと考えられ、節電して使用量を減らせば、単位あたりの基本料金が高くなり、結果として節電すればするほど相対的に高い電気を買わされていることになる。しかも、ここ10年間で見る限り、以前とくらべて最近はよりこうした傾向が強められていることも分かる。「省エネは損だ」というのが、国も認める電力料金制度である。

もう一つは、私が生産し販売する電力料金の安さである。設置後１年間の発電量は４０６８ｋｗｈ、売電量は２７８４ｋｗｈ、自家用電は１２８４ｋｗｈ、そして買電量は２２８０ｋｗｈとなり、売電量が優に買電量を上回った。もし蓄電設備があれば中電との連携は不要であるが、不時のトラブルを避ける安全性と、蓄電設備が高価で、あまりの不経済性から系統接続としたが、最近発売になり、やがて主流になるとの情報もあるプラグ充電のマイカーを使えば、この不経済性は解消される。が、ここで問題としたいのは、販売した電力は１ｋｗｈ当たり21・47円、一方購入する電力は30・97円だったことである。「買い取り電力の価格は販売電力と同じ水準」という電力会社の言い分は事実に反していた。もし正確を期するならば、「買い取り電力料は電力量料金と同じ水準」と言われるべきであった。自分で販売額を計算し請求したおかげで分かったことだが、購入電力を多く消費し、高い単価の電力料を支払えば、それに比例して私の販売する電力料も高くなる仕組みもあった。ここでももっと電気を使ったほうが得という設定である。

そして、私が買う電力には基本料金が加算されているが、売る電力料金では無視されるのである。巨大な設備で発電すれば、規模の経済が働いて、単位当たり発電コストは下がる。それと比べればわが発電所の単位当たり電力コストは高いが、設備費用負担も買い取り料金に加算して、少なくとも私の購入料金水準に決められるべきである。莫大な系統電力のための設備費や維持管理費と比べれば、個人発電所のそれは無に等しい。しかし、４００万円（さらに設置のための場所代なども加わる）は、個人にとってはけっして少額とはいえないし、中電の設備・管理費は消費者が支払う電気料金のなかに含まれていることなどを考えれば、私の設備投資は多分に公共的性格をもつわけで、公平性からいって納得しかねる。とにかく、私は私財を投じてすぐれた自然エネルギーである太陽光を利用して発電した電気を安く売り、高い系統電力を買わざるをえなかった（もっとも最近採用された買い取り制度での価格は別の原理で決められるので、事情は変わった）。まさに超零細個人事業の限界である。この経済的には成り立たない超零細個人事業を始めたきっかけは、地球温暖化の最大の原因者である巨大電力に抗して、ささやかだが温室効果ガスを発生させない自然エネルギーによる発電と生活の省エネ化を進めることであったが、電力料金制度に仕組まれた「反（アンチ）省エネ」的しくみにより、先の買電と同じく売電においても「省エネは損」を押しつけられざるをえなかったわけである。

発電開始時と同時にはじめた省エネ生活の柱は、家族の協力をえるために些細な点までは触れず、いかにも「無駄な」待機電力の廃止だけとし、それまでは「いつでも温かいご飯が食べられ、ホットなお湯が使える電気炊飯器と電気ポット」の宣伝に乗ってふんだんに使っていたくらし方をやめるだけにとどめた。しかしそれだけでも前年比の電力使用量を10％以上削減したと世間に吹聴したものだったが、しばらくして、「省エネは損」がわかり、裏切りの仕組みを知って愕然とした記憶が、今も生々しい。

なお、太陽光発電と時を同じく設置した太陽熱利用の温水器の効果は予想以上に大きく、設置前後では、価格にして2割以上、年2万円余の節約となっている。この投資は、超低金利の現在では、考えられない高利得をえている計算になる。50万円の預金で、年2万円の利子を払ってくれる銀行はあるまい。

ともかくエネルギーは発生場所で利用する地産地消がもっとも重要だと実感できる結果となった。

さて、私のささやかな温暖化対策は太陽光・熱のほかに、結局は失敗に終わってしまったのだが、もう一つあった。風力発電へのとりくみである。愛知県東三河山間の設楽町北部の名倉高原に、名古屋のしょうがい者福祉施設の建設が進められ、その支援で現地を訪れたとき、たまたま強い北風が吹き荒れて驚いたが、村人は「ここの風の強さは古くからの俚諺（名倉の娘と馬の首は、歩くときに下を向く）があるほどで、有名だ」と説明してくれた。強風で着物の裾が巻き上げられるのを抑えるさまを表現したものだそうだ。田舎の古くからの里謡らしく、どこかセクシーだが面白い表現で、おおいに興味をもち、名倉の地形の特徴や四季の主要な風向などを検討し、地元民の示唆もえて、強風発生のメカニズムを検討し、ほぼ1年をつうじて大きな風力のある区域を発見した。

太陽光発電とは違って、風力発電は規模も大きく、ヨーロッパを中心に技術的にもすぐれ、量産化で価格も低下しつつあったが、国の試行的政策で電力会社への売電の道が開かれ、北海道や東北北部でトーメンなど大企業による開発が進み、さらに市民生協をバックにした共同発電も成功しつつあった。私は名倉に設置されつつあった福祉施設に市民共同発電による安価で環境保持に有効な電気を供給する事業を立ちあげる可能性を求めて、三重県の青山高原の地元自治体による風力発電開発の指導に当たっていた三重大学のS教授の支援で、発電可能区域での1年にわたる風力測定を実施し、「採算の取れる風力発電可能の年間風力あり」とのデータをえた。

風力発電施設の実際の設置には多額の資金が必要で、名古屋の市民生協組合員への協力参加を期待し、そのために必要な学習なども精力的におこなった。しかし事態は進まなかった。そこで協力がえられにくい最大の問題となったのは、電気という目に見えず、自らは資金提供以外には何もかかわりがもてない「商品」をつうじての福祉施設支援にたいするモチベーションをいかに高めるかであった。しかも、発電機設置場所から施設までの送電をめぐる困難がより重く加わった。その送電は高価な託送料を支払って直送するか、系統接続して売った電気料金を名目上、あるいは計算上風力発電部分として届けるかのどちらかで、前者はあまりに高額で問題外、後者は施設支援の効果がまったく実感できないことで賛同をえにくく、かつ安く売電して高く買電する非経済性もあり、最終的に断念せざるをえなかった。最後の試みとして、S教授らの開発した中型の発電機を福祉施設のごく近くに設置する案も検討されたが、その地点では必要な風力がえられず、最終的に計画は破綻した。破綻に到る直接的な要因となった「送電施設」の自由化の欠如は、太陽光発電での教訓とまったく共通したものであり、巨大電力会社による電力独占が、温暖化という地球規模の危機回避のために自然エネルギーが大きな決め手になるとの世界的共通認識の有効な実現を阻害する大きな壁であることを、重ねて知らされることになった。

地元民やS教授らとの共同の努力で発見した風力ポテンシャルは、その2~3年後に、全国で開発実績をもつ風力発電会社の目にとまり、一大ウインドファーム創出の一環として建設をはじめたいと、会社から地元自治体に協力打診があったが、ダム建設でゆれる設楽町政の混乱の影響もあってか、賛同がえられず、実現しなかった。わずかに、隣接の稲武町が観光施設用に3機設置し、順調に作動しているとのことである。

それから10年を経て、同地の近くで再びウインドファームづくりの計画が、別企業の企画で進んでいるとの情報があるが、その成否は自然エネルギー開発についての日本のエネルギー政策がどれだけ変わってきているかを見るひとつのメルクマールだと考えながら、私も僅かながら関わる現在である。

再生可能な自然エネルギーのなかでのPV（太陽光発電）

地球温暖化問題に真正面からとりくむ「気候ネットワーク」が編纂した『よくわかる地球温暖化問題』（中央法規、2009年）の「日本のエネルギー需給と政策」の特徴と問題点をまとめて、「8割は石油と石炭」、「3分の2はロスで無駄に廃棄」、「供給政策の中心は原子力と石炭」を掲げ、温暖化ガスの減少の見込みなく、需要側の省エネと供給側の燃料転換が必要と批判的にまとめて書いている。一次エネルギー源（未加工のエネルギー原料）使用の43％を占める電力部門のあり方が、この特徴をもたらしているのである。とくに、エネルギーロスの多さは、発電時の廃熱、遠距離送電による送電ロスの大きさ、つまり大規模集中発電システムに起因する。そのロスの大きさは同書が引用している（99頁）「日本のエネルギー供給・消費のフローチャート」でみるように、発生エネルギーの66％にも達しており、有効利用は3分の1に過ぎないことを知って、びっくりせざるをえない。

その結果、電力業界の温室排ガス削減自主目標では、使用電力量増加により排出増を見込むという、まさに時代に逆行する見通しが示されている（『同書』104頁）。それをカバーするために国の政策が掲げるのはCO_2排ガスゼロの原子力発電増であるが、これは処理技術の見通しを欠いたままの現在においては、絶対にとるべきではない。とりわけ世界的に見ても危険な地震の巣の上に乗っかっている日本では、「絶対」の語を2乗、3乗して強調したい。この点で、先に引用したレスター・ブラウンが著書『プランB4・0』で提案している2020年のアメリカの発電目標のうち石油・石炭によるものを0（2008年現在で4億kw）とする画期的プランのなかで、原子力発電を2008年と同じ水準（1億kw余）としていることだけは、地震の少ない東部に集中している状況を踏まえているとはいえ、まったく評価できない（日本語訳版・180頁）。もっと重視さるべきは再生可能な自然エネルギーであり、さらにやむをえなくば高価だが比較的排ガスの少ない天然ガスであろう。加えて、更なる省エネの追求で、使用の総量を抑える以外にはないと思う。世界的にも省エネ化が進んでいると評価される日本の産業界が、その努力をつづけるとともに、省エネ化に効果のある製品の供給のためにさらに大いに意を払う必要があるのではないか。

自然エネルギー発電でいうと、西風が1年中安定して吹く西ヨーロッパの国々とは違って、複雑な地形で風向の一定しない地域の多い日本では、もっとも身近で期待されるのが太陽光発電（Photovoltaic generation, 以後略してPV）である。その根拠は、（1）資源の無限性、（2）存在の普遍性、（3）分散的発電の可能性、（4）地産地消性、（5）エネルギー収支比（エネルギー・ペイバック・タイム、略してEPTともいい、発電のための機器製造で使用するエネルギーを、機器稼動して生産できるエネルギーで償却できる年数）が最低など、幾つもある。（1）の無限性についてはとりわけいうことはないかもしれない。太陽は地球よりもながく天空に光り輝く天体で、その光と熱は地熱や潮流などを除けば、地球に存在するほとんどすべてのエネルギー資源の根元である。目下の中心的エネルギー源である石炭、石油、天然ガスなどの化石燃料は、地球の太古の植物の炭酸同化作用でつくりだされ、地中に蓄積された資源であるが、やがて数十年後に現実となると予測されるそれらの枯渇の後は、太陽の光と熱、それがつくりだす大気の移動による風力がエネルギー源の大半を占めることになる。人類生存のために危険のない原子力によるエネルギー利用を可能にする技術はその時点で間に合うのか否か、あるいは安全な核融合技術が実用化されるかどうか、いずれにしても、次世代のエネルギー生産の有効資源の中心が太陽光とその熱であることは、科学者の一致した意見である。

表 4-3　エネルギー収支の比較
（発電方式別エネルギー収支年数）

	水　力	石油火力	原子力	太陽光	風　力	地　熱
電力中央研	50	21	24	5 ～ 9	6	31
産業技術総研	40.0	20.7	16.3	2.6	10.1	17.8

第二の普遍性についても、雲による遮光のための多少の差はあるが、地上に降り注ぐ太陽の光は、他の地殻に埋蔵されたエネルギー資源とはくらべてはるかに普遍性をもっていることはまったく疑問の余地はない。低中緯度の土地では太陽熱資源もまたきわめて重要な普遍的資源である。緯度の違いによる日照時間や気温、空気の透明度などはあるが、人が普通に居住しうる所ならば、優劣差はあっても、もっとも普遍的存在の資源である。（3）と（4）は発電装置が小規模で、かつ装置の分割も可能で、消費の大きさ、利用の仕方に合わせて生産でき、その場で消費することも可能であり、送電の必要はほとんどないとされる特性である。発電による廃熱の問題は依然として残るが、光による発電と熱による発電を併用する技術の開発も進んでおり、実験段階から実用化への道も遠くないと思われる。最後の（5）の収支比、あるいはＥＰＴは先に述べたように、発電のための施設の建設、維持、廃棄に要するエネルギーを何年の発電で償却できるかを算出したもので、算出例によるばらつきもあるが、ＰＶは2年そここ、多く見積もっても6～7年であり、他と比べて断然少ない（表4―3）。CO_2排出がなく、地球温暖化に対して有効な施設として喧伝され

る原発は、廃棄まで計算すればこの収支比は計算不能な大きさとなり、放射能の危険性を考えれば、人類への負担の巨大さを隠蔽したままの議論であり、許されるべきではない。

以上のすべての優位点に関連して、もっとも強調したいのは、ＰＶが国民一人ひとりにとってみると、他の発電装置とくらべていちばん手近で比較的簡単にかかわりあいができる電力装置だということである。国民が重要なエネルギーとしての電力を自分のものとして考え、それをくらしの中に応用し、あるいは手軽に実感して、電力、ひいてはエネルギー全体のあり方についての知見を深めるための特性を備えているのである。ＰＶは、国民主体のエネルギーを学ぶためにもっともアクセスしやすい手段であることの重要性を重ねて指摘しておきたい。

もちろん、電力を供給するという面でいえば、ＰＶはすぐれた発電システムではあるが、同じ再生可能な他の自然を利用した発電を加えても、巨大発電所中心に大容量の電力を使用する現代社会では、量的にいえば限界があり、マクロな電力システムのなかでは補完的位置にとどまらざるをえないことはいうまでもない。しかし、それら自然資源による発電割合が仮に10％を越える水準（それはすでにヨーロッパの先進諸国では達成され、上回りつつある水準）になるならば、エネルギーの国内自給度向上の上でも、ピーク・カット（最大電力需要時の発電能力を減少させること）の効果によるは最大発電能力の抑制に絶大な力を発揮し、電力料金の低下につながることは明らかである。温暖化ガスや危険な放射能物質排出を不可避とするメガ発電システムの利用をかなり低位に止めるために大きな役割をもつことは間違いない。

その自然エネルギーのなかでＰＶ発電には他とくらべて抜きんでた特徴がある。それは小規模、分散で、住宅の屋根を利用して個人でも設置できることであり、しかもまったく安全で公害フリーなしくみだということである。たしかに発電量の大きさ、その費用効率の点では風力発電やバイオマス発電などやや大型なものに劣るが、作動による低周波、倒壊、爆発、火災などの周辺住民への危険が付きまとうことなく、密集した都会の居住地区でも安全に設置できるという特徴がある。こうしたＰＶ発電は、居住地を離れた場所に設置を余儀なくされる風力発電などとは違って、たとえば災害時で送電ラインが崩壊して、長時間の停電状態が発生した場合でも、昼間、太陽光のある限りは発電可能で、連絡に欠かせない携帯電話バッテリーの充電、あるいは緊急不可欠の生活用器具の利用可能という効果を発揮するなどを想定すれば、他ではえられない重要な意味をもっていることがわかる。しかし、ＰＶ発電のもっとも大きな魅力は、手近かにあり、日常の発電状況を確かめ、またくらしの中で利用の意味を感じ、利用しかたを意識もし、工夫もして、その供給や消費のありかた全体についてまで関心を高めること、つまり少量の電気を生産する満足に浸りながら、主体的な電力利用者になることができるということである。そしてそのことは、私に典型的なのだが、電気そのものやその機器のしくみにまったく無知でありながら、それへの関心を高め、電気供給の大会社独占の状況を打破していく力を身につけようとする人を数多くつくりだせるということを意味するし、さらに進んで地球環境の危機全般に対応できる社会づくりにまで関心を高めるにちがいない。

しかし、最大の難点は、経済収益性が低いことで、現状では生活者の多くにとっては決して軽くない金額を投じて設置した機器費用の償却のためには20年余も必要としており、普及を大きく制約している。ただ、量産化と技術改良による器機価格低下で、大幅短縮は可能という予測もあり、国立環境研究所の予測では、他の自然エネルギーを上回る発電量の将来増を見込んでいる。かのレスター・ブラウンも先の著書で、太陽電池の設置数は２年ごとに倍加しており、ここ30年のパソコンの増加状況と似た傾向が生じうるとして、今後10年の間でそのためにエネルギー経済が一変するという予想すら示している。もっともパソコンはＰＶとくらべれば価格帯がいちだんと低く、技術の進歩による市場原理、つまり需要増に応えての量産化による価格の低下が、さらなる需要を激増させるといった効果作用が大きく働いたケースであるが、この新発電の場合は「総力でとりくむことに人類の運命がかかっているという認識」、つまり環境危機意識の高まりによる革命的なエネルギー源変換の意思がどれだけ強まるか、それが価格の高さをしのぐほどになるかどうかが決め手だと付言しており、パソコンの普及事例からの単純な類推で予測するわけにはいかない。彼は今必要とされるエネルギー経済の再構築のためには、かつてアメリカが第二次世界大戦時にとった〈航空機分野に予算を集中する〉という思い切った戦時体制下のやり方にも匹敵する強力な国家政策が必要だといっている。（このたとえ話には、その体制のもとで造られた大量のＢ29爆撃機による悲惨さを直接体験し、死の恐怖におののいた私には、なにか違和感を持たざるをえない読後感が残っているのだが。）平和で持続可能な地球のために、そうした思い切った変換が必要でもあり、グリーン・ニューディールの呼びかけができるほど、可能性も大きいものであることは全く同感である。

アメリカ人のみた巨視的な考察の紹介はここでとどめて、今はドイツに追い抜かれ、さらにスペインなど他の国々の急増で普及度の位置が危うくなっていると、大きな危惧をもって論じられている、かつてのナンバーワン日本のＰＶについての展望に話を移そう。

日本のＰＶ開発・実用化は世界的に見ても早い。１９５４年にアメリカのベル研究所の研究員がはじめて単結晶シリコンの太陽電池を発明した翌年、早くも日本電気がＰＶ試作品を作り、58年には東北電力が山中にある無人中継所に設置し実用化したのが初めといわれる。しかしその技術的特性から、遠隔地無人施設のための電力以外には利用不可能と考えられ、第一次オイルショックの１９７３年以降に始まったエネルギー脱石油をめざすサンシャイン計画でも注目されることすらなかった。ただ太陽熱発電の付け足しの計画案として提起されたという。やがてシャープ、三洋など大手電気機器メーカーが小型電子機器用の電池として使用するためのＰＶ研究開発が進み、さらに進んで、一般家庭用の電力を目指し大電力会社のもつ電力網（系統電力）に接合する「逆潮流」と呼ばれるシステムの実用化が90年代はじめに完成した。そして１９９２年のブラジル・リオデジャネイロでの国連地球環境会議を契機として地球温暖化問題に寄与するための政策方針と国内法の整備によって、個人住宅の発電の余剰分を電力会社が自発的に買い取るしくみがつくられ、さらに設置にあたってのＮＥＤＯ（旧通産省の外郭団体の新エネルギー開発機構）による補助事業も始まった（１９９４年）。買い取り制度の法的根拠となる通称ＲＰＳ法（「電気事業者による新エネルギー等の利用に関する特別措置法」）も２００２年につくられた。

補助があるとはいえ、設置に要する費用が発電によって回収できるには20年以上もかかるという、いわば採算を度外視しなければ導入できないという経済的犠牲をはらっても、環境問題に前向きに考えるものが主に対応するといった状況ではあったが、ＰＶ設置件数は順調に伸び、２００５年度終わりの時点で約30万件、その発電能力は１０００メガワットに達した。もちろん世界第一の実績であった。１９９７年に京都でおこなわれた国連の気候変動枠組条約第３回締約国会議（ＣＯＰ３）は、環境問題に関心をもつ日本国民の地球環境問題や自然エネルギーにたいする関心をいやがうえにも高め、風力発電やＰＶの導入を飛躍的に高めた。著書『エネルギーシフト』（旬報社、２０１０年）で、ＰＶのもつ現代的意義と役割をわかりやすく解いているＰＶフロントランナーの都筑建さんはドイツの自然エネルギー問題のリーダーと懇談した際、「世界一の日本のマネをしたいが、ドイツ人はけっして環境意識だけでは動きません」と語ったことを紹介しているが、確かに環境意識を損得抜きで、それも決して軽い損（犠牲）ではないなかでも実際行動に結びつける国民性は驚異的といえる。この世界が驚く「熱意」によって、ＰＶなど自然エネルギー導入の環境整備が進み、拡大に拍車がかかったかといえば、その後の事態の推移はまったく逆であった。２００５年はドイツがＰＶ電力量で日本を追い越した年でもあった。環境問題への「共感」でダッシュした日本が、そうした「共感」では簡単に動かないドイツに追い抜かれたのはなぜか。

ドイツの事情をいえば、２００６年からＰＶ電力についても固定価格制度（ＦＩＴ）を適用したことで、電力会社（ドイツの場合は発電、配電とは別の送電会社）がＰＶ電力を販売者に有利な高価格で買い取ることを義務づけたからである。この制度はドイツではすでに風力発電にたいしては適用され、その効果が実証されていたが、普及が進むことによって発電装置需要増加に刺激される新たな産業化が経済に好影響を与えるという実績を踏まえて、さらにＰＶについても適用されるにいたった。ＰＶへの導入時には１ｋｗｈ当たり円換算で52円程度。その効果は絶大で、有利な事業としてＰＶ設置者は急増した。その多くは日本のような個人用の極小規模ではなく、数10ｋｗ、さらにはメガワット（１０００ｋｗ）級と大規模もあり、もちろん売電による利益獲得を目的としたものであった。ＦＩＴの採用とともに、設備導入時の補助制度も加えられた。こうした政策で予想どおりの設置増が始まり、機器需要も急増したために、それにたいする供給に対応するためにＰＶモジュール生産も増加し、それまで世界一のＰＶメーカーであった日本のシャープを抜いて、ドイツのＱセルが1位となり、その工場の立地する旧東ドイツの旧式の工業都市の活性化に貢献したと伝えられるほどである。このＰＶ産業の成功はグリーン産業化の好例にもなっている。原子力発電をなるべく控え、自然エネルギーを優先するドイツならではの政策である。スペイン、ポルトガルなど、とりわけ太陽光資源の大きい南欧諸国も同様な制度を導入し、設置が急増してきた。もっとこうした急増がすべて好ましいというものでもなかった。ＰＶ発電事業は有利だということで、良好な畑地がメガソーラー基地に転換したり、過剰な投機の対象になるなど、社会問題も引き起こすという事例も現われた。

一方、日本ではＰＶ導入の効果はすでに充分に発揮されて、一定の社会的認知がなされたので、後は自律的な普及にまかせるとして、２００５年に導入補助制度を打ち切った。加えて、買い取りは電力会社が一定量の自然エネルギーを割り当てられるＲＰＳ制度によるので、価格は低めで、もっとも優遇されている個人消費用のＰＶ電力ですら、先に見たように電力量料金並みに抑えられ、しかも電力会社の判断で買取に制限が加えられかねないという不安定な状態にとどめられたままであった。こうした事情から、それ以後のＰＶ設置件数は低迷した。もっとも、設置補助を打ち切ったのは国（ＮＥＤＯ）で、その後も地方自治体の段階では継続するところも少なくなく、それを利用した設置もあり、環境意識に支えられたＰＶ設置はわずかながら進むところもあった。それでも急増するヨーロッパ諸国に比べて設置テンポは低く、目下の普及件数は世界のベスト5から姿を消すことにさえなった。最近は中国の急増が目立ち、いまや世界一の導入国となったようである。もっとも人口数の巨大さからいえば驚くことではない。現時点でＰＶのトップメーカーは中国の企業だと聞いている。

この状況にショックを受けた政府の政策転換で、かつての「ＰＶ世界一」奪還を目指す意欲的なＰＶ普及シナリオが２００９年から始まった。国の補助金の復活、ＲＰＳに代わるＦＩＴの採用で、余剰買い取り価格は倍加した。個人設置のＰＶ発電力の全量買取りという声も聞こえており、その是非についての議論もなされている。それはともかく、地球温暖化危機の深まりと、リーマンショックを契機とする世界的な経済の行き詰まりのなか、「環境か経済か」から「環境による経済」への転換の先行例としようという「ＰＶ世界」の激変には、歓迎はするが、その突発さ、性急さ、国民的合意の欠如による脆弱さと、幾多の過まったり不十分な内容を含むものがあり、今後の本格的なＰＶ導入のための深い検討が充分になされるべきであろう。それは最後に触れたい。

主体的ＰＶ設置をめざすＰＶネットのこころみ

ＰＶ設置で世界のトップを譲り、ベスト5にも達しない状況をもっと冷静に見ているのが、『エネルギーシフト』の著者都筑建さんである。ＮＰＯ法人「太陽光発電所ネットワーク」（以下「ＰＶネット」）の専務理事として、早くから第一線でＰＶ問題にたずさわってきた都筑さんは、政策の失敗で、すぐれた生産技術をもち、環境意識が高く、導入に前向きな国民性がありながら、ＰＶ普及に遅れをとっていることには鋭い批判をおこなっているが、同時に日本は主たる設置者が個人で、自己の住宅の屋根に3〜5キロワットの小型機器をとりつけるという、世界にないすぐれた普及状態があり、それをどう生かすか、とくに奪われたトップの座を急ぎ取り返すといった性急さと脆弱さをもつ新たなＰＶ政策を、いかに持続的かつ強固なものにしていくかを同書のなかで幅広く展開されている。その根幹となるのが、「市民主導、市民参加のＰＶ普及シナリオ」である。

都筑建さんが日本のＰＶ発電で依然として世界一だというのは、導入件数あるいは発電能力といった数・量ではなく、個人住宅用ＰＶの多さとその設置ＰＶ全体のなかでの割合の高さである。そのことは、極小規模とはいえＰＶ発電所が、街中にひろがり、緊急時を含めてつねに身近に発電施設があり、電力のあり方についてよく理解して、市民参加の電力利用を主導できる数多くの「発電所長」が存在していることを意味している。もし今後、新しく出発したＰＶ

についての国の方針が順調に進めば、目標として掲げられている「1千万戸の設置」という数の実現性はともかく、これまでにない大量のPV普及時代となる可能性があるが、そのなかで設置者の充分な理解のないままに、経済的な有利性やメンテナンスフリーという誤った、あるいは誇張された設備の優秀さや簡便さだけが事業者（メーカー、設置工事業者など）によって一方的に喧伝され、価格が低下するとはいえ相対的に高額な経済負担が真に生かされない事態となる危険が蔓延する可能性がある。それを防ぎ、着実で有効なPVの事業展開が進行するためには設置者の充分な理解のもとでの普及を先導できるPV設置者の存在は欠かせないという。そうした役割を担える力をどう広範に蓄積し、必要な能力を養成していくかという道筋を具体的に提起しているこの著書はまさに時宜に適している。この辺の事情を私なりに敷衍《ふえん》しながら、違った面から考察してみたい。

いま、わが国のPV設置状況をやや詳しい統計で見られるのは、2007年度までである。その時点で総設置件数は40万件あまり。その後も増加して2010年ではおおよそ60万件に達しているという。07年で都道府県別に見ると、設置の数がもっとも多いのは、愛知県、つづいて、福岡、埼玉、静岡、大阪、兵庫、東京、神奈川、千葉、広島となり、すべて都市圏とその周辺である。そこは人口・世帯が多いので当然の結果かもしれない。これにたいして世帯数あたりの順位は、1位が宮崎、つづいて熊本、長崎、山梨、滋賀、長野、香川、鹿児島、岡山で愛知が10位となる。九州と中部日本の山岳県が多く、太陽の光に恵まれた県が上位になり、それがＰＶ効率のよさに影響するのか、あるいは太陽光への親しみ度といったものによるのか。全国平均では普及率は全世帯の０・８％、トップの宮崎で２・１５％、熊本２・００％などにくらべて、最低は０・１７％の北海道、ついで０・１８％の青森、０・２０％の秋田と、やはり北日本の低さが目立つ。しかし同じ条件の岩手が０・８２％なので、位置条件だけではなく行政の取り組み方や住民の関心度なども普及に影響していると思われる。いずれにしろ全体的な普及の低さは歴然である（表４—４）。普及の単位は人口でなく世帯となるのだが、それは人口の約半数と考えてもいいので、上記数値の倍が世帯当たりの普及率である。一ＰＶ発電所当たりの発電能力は全国平均で３・６ｋｗで地方的な差は都市圏でいくらか小さく、地方圏でいくらか大きい傾向はあるが、ほとんど無視しうる程度である。以上の統計数字から、きわめて小規模のＰＶ発電所が、

表 4-4　都道府県別 PV 設置状況ベスト 10（2007 年現在）

設置件数			世帯数当り（%）		
1	愛知	23,115	1	宮崎	2.15
2	福岡	21,473	2	熊本	2.00
3	埼玉	19,349	3	長崎	1.64
4	静岡	19,345	4	山梨	1.62
5	大阪	19,167	5	滋賀	1.58
6	兵庫	18,886	6	長野	1.58
7	東京	17,120	7	香川	1.51
8	神奈川	15,181	8	鹿児島	1.47
9	千葉	14,821	9	岡山	1.42
10	広島	13,973	10	愛知	1.42
全国計		401.794	全国		0.81

太陽になじんだ地方を主にして、全国にわたって広く分布しているという特徴が見えてくる。

しかし、２００３年に設立された「ＰＶネット」への参加状況は（おそらくみな前述の意味でかなり積極的なＰＶ設置者と考えてもいいであろう）、「ＰＶネット」の会員数で見ると、東京都在住者がトップ、そしてＰＶ設置者に対する会員数の割合でみたときには神奈川県在住者がトップで、あと、会員数、全体にたいする会員割合のどちらの場合も、すべて上位は東京電力管内の都県であり、当初の「ＰＶネット」の活動は東電管内というきわめて限定的存在であった。２００３年の発足当時は会員５１１名中東電管内以外の会員はわずか９名で、ほとんどまったく東電管内団体の様相を呈していた。こうした現象はひとえに発足の事情によるものであったので、その後の数年間にこの状態はいくぶんか解消されてきている。現時点の２０１０年でみると、２２５０名の会員の地域別割合では東電管内が約６割で、その割合は依然として高いが、他電力管内会員の増加が目立ち、各地に地域交流会が組織され、全国組織の体制が整ってきている。私もそうした過程で会員に加わった。「ＰＶネット」がここに到るには、関係者の幾多の困難な問題解決のための努力と苦労があった。

１９９７年の京都ＣＯＰ３にあわせて開かれた「世界自然エネルギー発電所会議」での討議を機に、高まったＰＶ、風力発電など持続可能な自然エネルギー利用を市民の中に広げる組織として、東京に「自然エネルギー推進市民フォーラム」が結成され、脱原発、地域分散型エネルギー社会の構築を広く市民に訴えながら、同時に東京電力との交渉をしばしば要求した。東京電力は、わが国最大の電力会社で、いわば電力業界のリーダー格であるが、増えつつある自然エネルギー支持の市民の声を企業政策にどう組み込んでいくかの検討材料とするために、「市民フォーラム」メンバーとしばしば対話する場をもった。その過程で市民フォーラムは、２０００年に国の構想にのっとってはじまった東京電力の「グリーン電力基金」への意識調査などのコラボレーション（共同事業）の実施に加わり、またすでに始めていた東電管内のＰＶ余剰電力販売者に対する意向調査などをつうじて、そのデータを共有するなどしていたが、それらにかかわったＰＶ発電の積極メンバーが、首都圏を主範囲として環境問題などにも積極的に対応をしていた市民生協の協力もえて、２００３年に「太陽光発電所ネットワーク」を結成した。当時の資料によれば、国の意向で全国の巨大電力会社がいっせいにはじめていたグリーン電力基金（消費者が、支払う電気料金に５００円を上乗せした資金に、同額を各電力会社が拠出して積み立てる基金）への参加状況をみると、東電は参加者で全国の45％、口数で39％と、他の会社を抜きんでており、また余剰電力販売者数でも、全国の３割を占めていた。このような設立の経過からみて、「ＰＶネット」は首都圏に在住して、とりわけ自然エネルギーなどについてのもっとも関心の高いメンバーを結集した政策意欲と実現行動力のある組織だったことがわかる。

強力な「ＰＶネット」のまっ先に取り組んだのは、ＰＶ発電に関するデータ集めで、会員数をはるかに上回る個人ＰＶ発電所からえられる数値を分析し、データベース化し、それをもとに各個人発電所の「健康状態」を把握しながら、不具合なものの修理に貢献することで、ＰＶ設置者の支持と信頼を広げ、ひいてはＰＶ普及に貢献した。会員やＰＶ設置希望者などからの問い合わせに応じるソーラー・ヘルプデスクといった相談機能も確立した。

二つめに、ＰＶについて賢い利用者・消費者となり、情報の開示を充分しない傾向のある国や企業に対抗できる能力を身につけるようにするための学習・交流会を各地で開催して、太陽光発電のしくみのような技術的な問題から、省エネ生活のあり方などもふくめて多面的なテーマをとりあげた。これは、健全なＰＶ社会づくりには欠かせない重要な機会となった。

かつて太陽光とならんで有力な資源である太陽熱を直接利用する温水器設置・運用がいちはやく世間に広まったが、利用者側が充分な理解をもたないままに、業者の無責任な拡販に充分対抗できなかったことから、不良機器をおしつけられ、また不適切設置がおこなわれるなど、幾多の損失をもたらし、さらにその修理・回復問題も曖昧なまま事業拡散が進み、業界自体が無責任、崩壊状態になったという苦い経験の轍を踏まないという、すぐれた技術専門家を多くかかえる「ＰＶネット」の大事な方針である。

第三には会員のＰＶ自体からえられる貴重なデータや海外の進んだ情報を収集し、また会員を通じて得られたデータを分析・加工して蓄積し、ＰＶをめぐる現状を正しく把握して、適切なＰＶ政策を国や自治体に積極的に提言していった。先に述べた余剰電力買い取りについてのＲＰＳ方式からＦＩＴ方式への政策変更は、文字どおり政治主導で強行的に実施されたが、それは奪われたＰＶ事業分野での世界トップの奪還という情動的な意図によるだけではなく、その基礎にＰＶ関係者が蓄積した客観的資料にもとづく意見をふまえた緻密な政策判断があったことを指摘しておきたい。

四つめに、正しい情報を広く世間に知らせて、着実なＰＶ普及を促進することを目指した。ＰＶのような先端的な技術機器にあっては、往々にして業者主導の先端性、便利性などが強調されがちで、社会的公正の欠如が発生しやすい。たとえば、ＰＶ設置に当たって、業者は一度設置すればメンテナンスは不要で、20年以上の使用に耐えるなどといった説明が横行しがちだが、実際は能力の経年低下は広範に起こっており、その実態を厳密に調べ、メーカーにも提示し、製品の質の向上を迫るなどの努力がなされた。ＰＶはメンテナンスフリーではないという「ＰＶネット」の提起は、マスコミでも大きく取り上げられ、世間の話題になった。総じて世論形成に資していることである。温水器で起こった失敗は二度とくり返されてはならないのである。

このように会員だけでなく社会一般の人々や政府の政策分野にまで広くＰＶに関する現代的

問題を手がける「ＰＶネット」は２００６年はじめにＮＰＯ法人化した。その活動のための諸費用は、設立当初の経緯もあって、発足後の両三年は東電の協力費に大きく頼ったが、その後は参加会員の会費や寄付金によるほか、国や地方自治体からの委託事業などでまかなわれている。もう一つ、独自の経済事業がある。ＰＶ普及事業や社会の環境問題への関与を深める目的もあって、ＰＶグリーン証書の市場化に貢献しようという事業の展開である。これはきわめて重要な事業なので少し詳しく説明しよう。

ＰＶで発電する電気は、他の自然エネルギーと同じくCO_2フリーで、温暖化防止という現代課題に積極的に貢献する特別の意味、すなわち「環境価値」をもっており、もちろん原発による電気のような危険な放射能ともまったく無関係な安全な電気である。したがって電気そのもののもつエネルギーとしての価値の交換（売買）に加えて、その特別の環境価値を社会的に認めて、環境に役立つなんらかの行動で、温暖化防止に関与したいと考える企業や個人との間で、その価値を売買する市場をつくりだすことができれば、より多くの人々に、さらには各種の事業体ないしは事業団体に、温暖化抑制運動への参加の機会を提供することになる。その発想はすでに「ＰＶネット」発足以前から識者の中にあったが、先進事例があったアメリカなどでの調査を参考にして、日本的に改良したきわめて厳密なしくみが、まず風力、バイオなどや規模が大きく、価値量の認定方法が比較的容易な発電事業分野で確立した。そしてさらにおくれて検討され考案されたものとしてPV電力でも公認され、それを取り扱う機関も複数承認された。すでにくり返したように、日本ではPV発電はごく小規模の個人の手でおこなわれており、その生みだした環境価値を証書化するためにどのような方法をとるか、またその適正さをいかに個々にわたって証明するかについてのきわめて煩瑣な手続き要するが、「PVネット」はそのしくみの社会的認証をえて事業化し、会員の余剰電力販売に加えた収入をえる道を開き、また新たなPV理解と普及意欲向上につなげるきっかけをつくりあげ、さらに会運営の財源の一部となる手数料を取得する道を開いた。極小のPV発電所の存在に高い意義を認めている「PVネット」ならではのとりくみであり、家庭単位の小さな発電所の社会的権利の確立と経済性をも高めるという仕組みをなし遂げたわけである。

PV電力に含まれる環境価値は、電力会社に販売した電力部分も含めて、発電者に属すると考えるのが当然であり、余剰電力販売分にもこの環境価値に見合う市場価格（現状では15円前後）が販売電力価格に加えられねばならないが、目下のところ、買い手の電力会社との絶大な力関係の差の前に、契約によって売り手は環境価値の放棄を余儀なくさせられている。それを取り戻して本来の公正性を実現できる取引環境をもちたいというのが、PV発電者の切なる願いでもある。まさに「ごまめの歯ぎしり」である。その克服のためにはPVの普及がさらに進むことであり、さらにPV電力（もちろんその他の自然エネルギーも）についての「クリーンなエネルギー」という特別の価値があることの国民的認識と理解を広げなければならない。その最終的な目標は、環境を悪化させたり危険きわまりない「ダーティなエネルギー」を認識して、その利用をいかに減らすかという国民的関心と認識が高まることであることはいうまでもない。この意味で、ＰＶのグリーン電力証書はたんなる経済的補填といったことにとどまるのではなく、電力エネルギーの市民化、国民化に直接つながる基幹的事業として位置づけられるものなのである。

ところで、このグリーン電力証書事業は予想以上の広がりを見せている。プロ野球パリーグの西武球場の一部ナイターではこの電力が使われているなど、話題性にとんだニュースもあり、とくに地方自治体が地球温暖化にとりくむにあたっての環境行政の目玉としてこのグリーン電力証書に注目して、それを取り入れた施策化が始まり、広がりつつある。その当初となったのは佐賀県であるが、その構想の実現に努力し、また実施実務にあたって中心になった「ＰＶネット」の牽引者である筑建さんは著書『グリーンシフト』のなかで「……２００6年から県内の新設ＰＶ発電量の環境価値をキロワットアワー40円で買い取る『太陽光発電トップランナー推進事業』のしくみに取り入れました。「ＰＶネット」がその骨格を立案した環境価値を自治体が率先して取り上げ推進すること自体が先進的ですが、これまでのわが国の初期投資補助（キロワット補助）でなく発電量に対して補助をおこなうキロワットアワー補助の点（量から質）からも注目されるものです」と高い評価を与えている。これと同様の事業はついで愛知県で実施され、私も「ＰＶネット」メンバーの一員としていくつかの関係する場に参加して、学ぶところが多かった。『グリーンシフト』によれば、その後も葛飾区、東京都、札幌市、青森県、小諸市、掛川市、富山市、松本市、都留市、大垣市、京都市、大阪府、北九州市へと広がっているとのことである。こうして展開される「ＰＶネット」と行政のコラボレーションはＰＶのもつ役割を市民に広く知らせ、その関心を高めるうえで大きな意味を持っている。

エネルギーの国民的理解を広げ、深めるために

ＰＶ発電、ひいてはエネルギー分野全般について、国民的関心を高め、広く国民関与のエネルギー政策を展開していくために、「ＰＶネット」を含めた自然エネルギー団体の活動によって、あるべき方向性や具体的内容については、かなりのオピニオン形成が進んでいる。電力についていえば、原発でなく自然エネルギー重視を、そして巨大電力会社の独占から国民に開かれた電力の自由化を求める主張は明確であるが、残念ながらそれらに関しての国民的論議はほとんど進んでいない。電力独占の強固さが大きな壁であるが、その壁に錐《きり》の穴を開けるというとてつもない作業が先導的なリーダーらによってさらに進められることと加えて、その力を強めるために、より多くの国民がエネルギーとりわけ電力についての関心を高めることなくして

は、壁穴を広げることは容易ではない。現状でいえばそうした関心はまだきわめて低いといわざるを得ない。国民がもっとも手近かでエネルギー問題に触れることができると思われるＰＶ分野においてすら、またしかりの状態である。

２０１０年時点でわが国の総発電力量の中での再生可能な自然エネルギーによる発電量の割合はわずかに2％といわれている。この数字を一つの起点として、ようやく始まったＦＩＴ制度で、今後状況をどう変えていけるかがエネルギー民主化運動にとって問われるところであるが、そのなかで風力、バイオなど比較的規模の大きい発電分野の増加で総発電量における自然エネルギー発電の割合がどこまで高められるかという問題とならんで、個人ＰＶの設置、あるいは比較的性格の類似している小水力発電の普及がどこまで進むか、それを通してその設置者のエネルギーへの意識改革が進むかが課題の成否に大きく影響する。この後の問題に絞って考察を進めよう。

目下、政府によるＰＶ普及のシナリオでは、２０２０年の設置目標１０００万件、その大部分を個人ＰＶとして、４５００万戸のうちの20％以上の屋根にＰＶ発電機器が乗せられることになる計算だが、いささかオーバーな見通しという感じがする。今現在、ＰＶ集中による系統電力網との接続の問題点をテストするためにおこなわれている群馬県太田市での事例は別として、もっとも普及の進んでいるとみられる長野県飯田市の場合で検討してみたい。飯田市は環境モデル都市づくりを掲げて、早くからＰＶ発電と森林資源のペレット化による熱利用を重点にした施策を実施してきた。「ＰＶネット」の現理事長の藤井石根教授は２０００年刊の『２０１０年自然エネルギー宣言』（自然エネルギー促進法推進ネットワーク編）のなかで、同市のＰＶ政策に注目し、1件あたり36万円の市負担（当時は国の補助も半額と高かった）で進められる積極的な事業により、目標の２０１０年全戸の30％達成に期待を表明されている。その２０１０年の飯田市の実績は設置数１０５２件、全世帯の２・８％、全戸数でいえば５％をうわまわり、全国比とくらべて4倍の普及実績を残したが、目標にははるかに届かなかった。この間は、国が補助を打ち切り、また期待された設置費の低下もさほどではなかったなどが、目標どおりにいかなかった大きな原因であろうが、いづれにしてもＰＶ設置はまだまだ高価で、人々の手に届かない水準であり、あえて設置する魅力がないと考えるのが一般的な市民の感覚なのであろう。もちろんこの全戸数の５％普及という状態は、市行政のよほどの支援努力なくしては達しえない数字であることは繰り返し強調したい。

しかし、飯田市のＰＶ事業は単に普及率の高さだけに注目すべきではない。市の積極的な環境行政に応えて、その促進をはかる目的で、「ＮＰＯ法人　南信州おひさま進歩」が設立され、市民の寄付や国、市の各種補助金によって、２００4年に市内の私立保育園に第1号の発電所を設置した。そして保育児教育のなかで実地体験などを通じて環境・電気の大事さを園児に教え、その家庭に大きなインパクトを与えた。その保育園の保護者の連絡帳の文面がおもしろい。

三歳児家庭　夕方暗くなっても電気をつけようとせず、暗い部屋にいます。節電に心がけているようです。

四歳児家庭　帰ってくるなり「電気は消さなくっちゃいけないんだよ！」お父さんにも「早く寝て、電気を消すに！」という。

五歳児家庭　家に帰ってきてからもさんぽちゃんの誓いを何度も言ってました。よく覚えているものですねー。

その成果をさらに広げるべく、飯田市、「おひさま進歩」および市内関連事業所・会社グループの三者によるパートナーシップ型環境公益事業として株式会社「おひさま進歩エネルギー」を発足させ、これまでに3次にわたって市民、さらに全国からの出資を募り「おひさまエネルギーファンド」資金をえて、１６２カ所（うち市内１６０カ所）の学校、幼稚・保育園、公共施設に発電所を建設した。その合計出力は、１２６１ｋｗにのぼる（1カ所平均７・８ｋｗ）。得られた電力は各施設の自家用としてｋｗｈ当たり22円でおひさまエネルギー会社が各設置施設に売却し、あわせて設置場所代を施設設置者に支払うしくみである。自家用以外の余剰電力はおひさま進歩会社からまとめて中部電力に売却することになる。おひさま会社の他のエネルギー事業は省略するが、多くの「住民をまきこんで」（NPO代表の言葉）のエネルギーの地産地消システムづくりの典型的事例として注目に値する。ファンドへの出資状況は表4―5の通りであるが、3回のいずれも長野県、東京都、神奈川県がベスト・スリーで、PV運動の進んだ首都圏や愛知県などが多く、地域のPV認知度が出資につながっていることを推察させる。そのなかで長野県（おそらくは飯田市が大部分か）の多さはやはり地域のPV状況を反映したものといえる。おひさま会社では出資者に事業の中味をよく知らせるためのツアーも企画し、出資者へのPV普及の意義の学習も実施している。

表4-5 「おひさま進歩ファンド」の応募状況

	第1回	第2回	第3回
金額計	2億150万円	4億3430万円	7520万円
応募数	474(100)	653(100)	145(100)
長野	72(15)	73(11)	17(12)
東京	64(14)	128(20)	29(20)
神奈川	45(10)	79(12)	17(12)
埼玉	38(8)	38(6)	11(8)
大阪	29(6)	23(4)	15(10)
愛知	27(6)	48(7)	11(8)
千葉	26(6)	39(6)	11(8)

以下略

「おひさま進歩エネルギー」は今年（2010年）あらたに市民向けのPV参加事業を立ち上げた。「おひさまゼロ円システム」事業である。PV導入の初期費用の高さが普及の障害となっていることを考慮して、いわば月賦払いによる個人ＰＶの設置計画で、具体的には月１万９８００円・9年間支払の契約で、当初にパネルを設置し、余剰電力代金は設置家庭が取得する。10年目に設置家庭の所有となる仕組みで、飯田市と地元金融機関の参加で、システムが保障されている。１カ月の期間で30件の募集という予定にたいして、64件の募集があり、選定された30件のうち設置条件の合わない（準備されたパッケージと屋根があわない）などにより26戸で実現された。短期間の応募で応募数の倍を上まわる申し込みがあった（資料の請求はさらにその倍近く）ことは、市民のＰＶにたいする関心の高さを示している。これらすべては、飯田市の積極的環境行政とそれに応えた「ＮＰＯ法人おひさま進歩」の「住民をまきこみ」つつ、地域条件を充分に考慮したＰＶ導入活動の輝かしい成果である。この種の努力が他の自治体にどれだけ広がるかが、今後広く深く市民のなかにＰＶを普及していくためのカギとなるのであろう。

飯田市でのＰＶ普及事業によって、突出した実績を残している飯田市とわが国全般のギャップの大きさにあらためて驚きと関係者への敬意をもったが、一つだけ気になったことがあった。それは、「おひさま進歩エネルギー」会社は自社で発電した電力のグリーン価値を認証会社「自然エネルギー．コム」をつうじて販売している。しかしこの会社は、会社とは関係なく設備を導入した個人ＰＶ発電所の零細分散したグリーン証書取り扱いをおこなっていないので、おひさま進歩以外に市内やその周辺でＰＶを設置している個人発電家のもつＰＶグリーン価値は販路をもたないということになっていることである。その数を示すデータはないが、先の数値などから推定してざっと９００戸弱であろう。それらにおいて、せっかくのＰＶ設置でえられるべき収入の機会が失われているというだけでなく、その手続きなどを通じてえられる情報で取得できるＰＶ普及の先導的役割をもてないことはいかにも残念で、それはひとえにこの先進ＰＶ都市飯田市に会員をまったくもちえていない「ＰＶネット」の責任というべきであり、その努力の必要さをつくづくと思わざるをえないというのが、飯田市にわりに近い名古屋に住む「ＰＶネット」会員であり、名古屋を中心に広く中部地方を範囲としてＰＶ普及などで協力し合う「中部交流会」の責任メンバーの一人としての私の反省である。

その「ＰＶネット中部交流会」だが、東京での発足に3年遅れて、２００６年3月に結成され、愛知、岐阜、三重３県を中心に長野など周辺までも範囲として、ＰＶ設置者60人で出発した。実際にはほぼ毎月1回の世話人会を開き、中部から選出した理事をつうじて会全体の報告や問題提起を聞き、論議することによって会全体の運営へ参加したり、とりわけ自分たちのＰＶの状況をめぐる話題や新しいＰＶをめぐる情報に話の花が咲くなどで時を過ごすことが多く、もともとの目的である地球温暖化の問題への有効な市民参加活動として、この地方でさらなるＰＶ普及の促進や既ＰＶ設置者の「ＰＶネット」加盟促進といったテーマにまでは、なかなか実効性のある方向を見出しかねているという悩みをかかえての運営をつづけてきている。

もっとも、新たな動きもないわけではない。地元愛知県がＰＶのもつ環境対策としての重要性に着目して、新たにＰＶを設置した家庭の自家用消費電力分についてのＰＶグリーン証書を市場価格以上で買い取る仕組みを上述の佐賀県に次いではじめ、そのとりまとめの業務を「ＰＶネット」に委託したために、事務執行を「中部交流会」がになうこととなり、周辺自治体への関心を高め、それが大垣市でも採用されるなどで、ＰＶ普及につながるという効果を促進させる役割を発揮している。ただ、そのための事務的な負担はきわめて複雑多大で、そのための知識・技能をもつＭさんという特定のメンバーに負担が集中するといった問題も生じている。さらに大きな問題は、そこで触れることになる新たなＰＶ設置者は、再開された設置補助金交付やＦＩＴ（固定価格買取義務制度）による余剰電力販売収入への魅力と関心が偏って高く、「ＰＶネット」に参加して巨大電力会社中心の電力政策への問題を理解して自立的なエネルギーのしくみづくりを目指そうという側面には概して無関心という傾向が強く、「ＰＶネット」のめざすものとの乖離が大きいことで、「世話人会」の活性化にはなかなかつながらない。こうした活動への参加は簡単に実現するわけではないことは充分に理解し、それにつながるための地道な学習・宣伝活動をつづけなければならないことは百も承知なのだが、会議の重さは否めない。

新たなＰＶ普及政策によって、確かにＰＶ設置者は全国的に増加しているようである。そのなかで同様な状態をどう打開していくかという２０１０年の「ＰＶネット」総会の提起についての議論を踏まえた「中部交流会」での話題の中で、ＰＶ設置の普及、ＰＶ設置者への情報発信などという電力生産者としての側面は当然大事だが、もともとＰＶを設置したのは危機的な環境問題を引き起こしているエネルギーの現在の需給構造の改革をめざすという課題に迫ろうというためで、その点からいって現在の電力消費のあり方を再考する消費者としての「ＰＶネット」の活動という側面での活動をもっと重視すべきで、ＰＶは高価に過ぎて関心の外という身近な周りの人々と、今の電力のあり方を考えるような活動スタイルを重視すべきだという意見が強く出されてきている。

PV 電力で著者の電動自転車を充電中

　そのことの具体化として、パネル１枚のちいさなＰＶ発電機器を、きわめて手ごろな価格で近隣の人々の使用に供し、それを

武田邸のベランダに置かれたパネル

ベランダなどにおき、発電した電気を実際に家庭用に使いながら、その利用のあり方を自分で種々工夫し、これまでただ受身で便利さだけを念頭にしていた電力消費についてのさまざまな意見や工夫を出し合い、お互いに自由に楽しみつつ交流する会をしばしば開催し、日常のくらしの場から、賢い電力消費者になろうという企画を実行しつつある。その交流の中で親密な仲間づくりが進み、その会話がはずめば、ＰＶに限らず、風力、小水力、バイオなどの自然エネルギーを加えた体験、もっといえば昔の結構合理的な薪炭などによるエネルギー利用までも含めて、エコなホームづくりの話題もでて、まさにそれに直結する環境問題などへの関心も広がり、きわめて魅力的な運動へと発展する可能性があるのではないか、現代社会が浸りきっている便利さはやめて、苦労はするが楽しいくらしがみえてくると、発案者の一人である自然派の武田善明さんはしばしば夢を能弁に語る。これを夢でなく実現に努めたいという空気で、日ごろの重い議論はいっきょに軽くなった。会を司会する私の心も久し振りに晴れて、次回は楽しく飲み会といこうということで会は終わった。

（追記）

最後に書いたメンバーの思いは、今年（２０１１年）の新年会を兼ねた飲み会でさらに具体化され、3月27日予定の「ＰＶネット」全国交流の場を利用して、「ｖ・ｉａ サン・エコライフ学校の授業」と銘打って公開することを決めた。そのための諸準備とリハーサルは2月13日に実施され、ほぼ予定どおりの結果に満足した。あとは市民への宣伝をと、簡単なパンフも作って、身近な関係者に参加を呼びかけたりして、当日を待つばかりとなった。

が、突如、あの3月11日の大震災が起こった。そして当然のこと、全国交流の会は変更された。テレビで報道され、目を覆いたくなるような大津波の跡の惨状に涙を流し、泥沼にはまったように日々深刻化する壊れた原発の「お粗末さ」からくる脅威に怒りながらの日々がつづくなか、予定の当日、少人数で規模を縮小して「パネル1枚が災害の緊急にどんなに役立つか」をテーマに器機稼働をおこなって、新たな課題を学び、かつ普及の必要を確信した。そして今後、それを利用したくらしのあり方を各人が工夫し、それを交流し学びあい、その持つ魅力を実際に示しながらまわりに広げていく新たな方針をあらためて確認した。

こうした事態の進展とそのなかでのとりくみで、「原発抜き、自然エネルギーの重視とくらしの工夫で日本の電力需給は十分に成り立つ」というわれわれの主張こそが日本のエネルギー政策の基軸となるべきだという確信がいちだんと強まった。「巨大電力会社抜きで、ちゃんとくらせる世の中は可能だし、また決して遠い将来のものではないぞ」、「電力での協同が大事だから、ＰＶ講でもつくって、広げていったら」などと、意気だけはさかんである。われわれはもはやただの「ごまめ」ではない。

第2部

友愛活動の理論化と現代的意味

Ⅰ．友愛グループの成立・展開の基礎にあるもの

第Ⅰ部の四つの話題で、それぞれが現代社会のもつ問題をとりあげ、その解決に向かって努力している「仲間グループ」のすぐれた活動を、その当初からのエピソードを交えて、具体的に紹介してきた。第１話は椛の湖農小グループを、第２話は中津川・旧蛭川の高齢者・しょうがい者福祉グループを、第３話は名古屋市の野の花を活けるいけばなグループを、そして最後の第４話では全国にまたがる太陽光発電グループを取上げた。それらは農・福祉・保育（教育・文化）・エネルギーの分野で、今わが国がかかえている危機的ともいえる問題の解決に、直接、また間接的につながる活動をつうじて、それぞれ注目されるべき内容をもち、成果をあげていることは、読者の皆さんも等しく感じられたものと思う。これら分野は、私がたまたまいくらか深く関わったものだが、ひごろ著作やラジオ放送で敬愛する内橋克人さんが提起されているFEC（Foods, Energy, Care）分野であり、現代社会の中でとりわけ重視されるべき産業分野であることはいうまでもない。加えて、私はCに文化（Culture）の意味を含めて考えたい。文化はFECCを新たなかたちで現代社会の基礎として定着させていくうえで、大きな意味をもつと考えるからである。

この第2部では、それらグループがとりくんだ活動が、広く支持され、継続し拡がってきているることの要因ともなり、共通してその基礎ともなっていると思われることがらを明らかにし、その中味を分析して友愛という概念をみちびきだし、それを広く現代社会に適用していくための情報の提示を試み、かつその友愛についての理論化をおこなおうとするものである。

まず最初に確認しておきたいことは、第1部で紹介した話題は四つともすべて、現代の日本社会でみんなが人としての尊厳をもって安心して暮らすために欠かすことのできない事柄に関する課題に取り組みつつある活動である。規模も小さく、まだ大きな影響を社会に与えるといったものではないが、すべてが人類生存のための基本的な人権にかかわるテーマへの真摯な取り組みである。第3話で「人権としてのいけばな」という注目すべき主張を紹介したが、それはすべて他の三つにも等しく当てはまるものである。

四つの事例のうち前の三つはいずれも、日常的な交流を通じて認めあった、ある社会的問題について共通の認識をもち、その解決のために必要性な共通したミッション（使命）をもつ人々による活動である。そのなかでは、比較的少数の、より共通認識、とりわけ共通の積極的行動の意思をもち、緊密に共同して活動できる中心的な仲間集団と、その活動に共感し、必要に応じて共に行動する周辺的集団があるが、それら両者を含めて問題解決のための深い協同意識を介しての信頼関係をもって強い絆で結ばれている。それだけに、仲間としての関係は深いものがある。わたしはそうした集団をここでは「友愛グループ」と名づけることにする。

この「友愛グループ」は、日常生活のなかで各個人が問題として感じていることを、もともとからもっているつきあい関係による日常の気軽な交流・接触のなかで頻繁に話題として語り合い、その共有度を高めあっているグループを核にしている。

「農小グループ」では、山河美わしく、住みやすいふるさとが過疎によって壊されていくことへの悲しさと怒りをもちながらも小さな努力では解決できず、その鬱憤から全国初の深夜野外フォークコンサートまでやってのけるエネルギーを蓄えていたし、二つめの「高齢者・しょうがい者福祉グループ」は、都会から安穏のくらしを求めて農村に住むことになったにもかかわらず、まわりをみれば、不便なくらしを余儀なくされ、その解決の道も判からず、ただ耐え忍ぶだけの人々が意外に多いことに気づき、かつてあった地域のくらしの豊かさが傷つけられている状況を憂い、そのために何かしたい、しようと心に決めていた人々の日常の交流がつくり出した仲間である。このどちらも、人々の交わりが崩壊しつつあるとはいえ、まだ根強く残っている農村を活動の舞台にしており、都市的交流による影響を受けながらも、いわば地縁社会の中での仲間関係のひろがりが特徴的である。

第三のいけばなグループは、名古屋、とりわけその南部により集中的に、情熱をもって選択した保育の職場の劣悪な労働条件に怒り悲しみ、その克服の努力が思うに任せないなかで、なんとかしたいという気持ちを共通にもつ保母（保育士）たちが、その心の安らぎと新たな自己発達（啓発）のためのエネルギー蓄積の場としてつくりあげた新設のいけばな流派に集まる仲間集団である。前二者とは違って、地縁的性格はまったくなく、またいわゆる「会社内組織」でもなく、名古屋南部というやや広く地域横断的で、同じ社会的課題をかかえる同一職業労働者を中心として周辺に広がっていった文化機縁のグループである。当初は明らかに保母（保育士）という職業、ないしは資格を共通にもつ、ある意味では中世都市社会のギルドにも似たかかわりで集い、助け合った仲間の活動が、いけばなという文化を介して、職業・資格という枠をこえて広がっていった、きわめて現代的な都市社会でのコミュニティ形成がみられる。

最後のＰＶグループの形成はいくらか違う。環境破壊、温暖化という社会的問題を深く自覚し、それへの対処のために行動する人々の集団ということでは共通しているが、この第四のグループの形成は前三者のような、身近にある比較的参加しやすい社会的課題を介して、日々の日常の交流をつうじてつくられた共感と信頼という、いわば感性的・情緒的動機が出発点となってつくられたものではなく、誰もが関わりながらも、しかし問題が大きすぎて参加しにくい地球環境・エネルギー問題に強い危機感をもち、理論的にはそれにつながる太陽光発電に関わって、さまざまな知的情報をえて、いわば知的判断をつうじて個々的に行動してきた個人が、その目的達成のためにつくった全国を範囲とする団体のメンバーとして加わった仲間のグループである。いわゆる環境市民団体の活動グループだが、「友愛グループ」とともにとりあげたのは、本書の著者もその一員であり、友愛への願望をもっていることも理由としてなくはないが、より大きくは、めざす「国民主体のエネルギー」の実現という課題解決のためには、日常的くらしでの緊密なつながり、つまり「友愛グループ」的な活動が欠かせないという判断をもったからである。その思いにもかかわらず、課題がもつ抽象的な性格もあってか、まわりの住民の理解と共感の獲得に四苦八苦をさせられているグループでもある。このグループを「友愛グループ」と対比的にとりあげることで、「友愛グループ」の性格をより鮮明に浮き立たせることになることも期待できるし、また他面で、広く存在すると思われる他の多くの類似のグループが、めざす巨大な社会的問題解決への道づくりの指針をもちながらも、それへの共感や支持の広がりがつくりだせないでいる壁をうち破っていく道を探ろうという意図もある。

もう一つこの対比に関わって強調したいことがある。それは前の三つの話題は、身近か、手ごろでかつ気軽な課題で参加しやすく、成果もえやすいが、かかえている課題の解決をさらに広げていくためには、たんに狭い感性的、情緒的な共感、信頼による活動にとどめず、課題のもつ意味をより根源的の探り、深められた認識をつうじて他と結びついていくプロセスが必要であることはいうまでもない。こうしたプロセスを意識的に追及することがなければ、その活動は衝動的短期性、そして独自強調の狭隘性に終わってしまいがちとなる。前三つの話題はそうした短期・狭隘性にとどまらず、感性や情緒を超えて、より理性的意思の形成や判断が求められるものに向かって活動を進めつつあるように思われる。そうしたプロセスを話題の具体的活動のなかに探りつつ、より一般化することが、ここで求められる。

一方、四つ目の話題は逆の問題に直面しており、広範な人々が参加しにくいと考えている壁を破っていくにあたって、「友愛グループ」的実践から学ばなければならないが、そうした手がかりをどうつくりだすかという課題の重要さを明らかにするとともに、その具体化を試みることでより広い展望を得たい。

友愛グループ

まずなによりも共通するのは、身近か、手ごろ、さらには気軽といった活動への参加のしやすさである。日常のくらしの場近くで、日頃から親しくつきあっている人々といっしょに、自分でもできる手慣れた仕事を通じて、求められている社会的活動ができる、これは農小活動でも農村福祉の活動でも共通した核グループ形成にあたっての特徴である。もちろん参加に当たっての活動の社会的意味については、ある程度の認識をもち、ミッションも共通してもっている。このミッションのこだわりは「友愛グループ」形成の基底である。その上で、日頃の仲間のなかだから、結構自由に発言でき、それを妨害したり、指導性を強調して独裁的な支配者をつくらず、また過度に不必要な制約をもたないこと、自由に加入し、また退出できる外部開放性をもっている。事例でいえば、椛の湖農小グループがもっともそうした自由さをもった集団で、まさに気の合った仲間が、冗談とも本気とも分からないほどの言葉を交わしあいながら手慣れた農作業の段取りを決め、きちんと役割を分担して行動している。仲間が自由に集まり、作業を決めるが、作業のやり方は自己流も多く、相互批評も結構やっている。しかし、全体としてみると、小学校の児童を対象に農業を実体験させ、自然の大切さ、広い自然を満喫させながら、農のもつ大切さの意味を理解させるという事業を安全におこなうためには、きちんとした計画と実行力が求められるが、それを細心の注意を払って進行させるだけの組織力は十分に発揮できている。毎年の村行事の経験が生きているかもしれない。それがひごろは都市に住む生徒やその父母の大きな支持となり、さらにたんなる参加者から協力者になり、仲間の一員に加わらせる要因にもなっている。

こうした自由のなかでもある統一された行動を可能にする一つの条件として、かつての村社会がもっていた地域コミュニティの習慣があることは、確かだが、特別に目だったものではない。むしろその古き束縛性から自由になっていることのほうが重要かもしれない。農小の発起者の中心で、今は校長先生の「あぼ兄イ」はメンバーの多い椛の湖のある地区からいえば隣村の住民で、またかつて近隣エリアを走り回るバスの運転手という農以外の職業経験の持ち主でもあり、それだけに地域状況を客観的な目で見ることのできる人物で、そのゆえにまた信頼も集まりやすかったという側面が強い。

同じ農村の中で福祉事業活動を展開している「ひなたぼっこ」グループでも、中心となったのは外部転入の「啓治さ」であり、また中心メンバーはまちで働いた経験をもってはいるが、村出身者である人が多く、かつてまちで福祉、医療関係の仕事を経験している者も目立つ。ここでもやはり外から村の福祉事情をきちんと観察できる人物のもつ役割が大きく、それが村人の福祉需要をうまく把握して、大きな信頼をかちとることにつながっている。この事業所に集まる人々の求めるいちばんだいじなことは「あんき」であり、それが村営の立派な福祉施設でなくここを選ぶ理由でもある。事業所の経営にたずさわるスタッフが「あんき」ではおられないが、それを利用者のためにつくりだそうというスタッフ一人ひとりの対処のなかに、「あそこはええで」という周りの評価がある種の雰囲気となって広がる。そうした雰囲気がすぐに評判となって拡がりやすいという点では、地縁的コミュニティの慣習が生きているということかもしれない。

「ひなたぼっこ」はさらに先を見ているように思う。狭いとはいえ、蛭川という旧村域の高齢者を対象にして、「あんき」に立ち寄れるフリーサロンをつくろうと動き始めた「ひなたぼっこ集団」は、まだ縦割り行政の悪弊から脱しきれず、参加要請を拒否している中津川市を尻目に、地域コミュニティの多くの住民との友愛関係を強めて、とりあえずの構想を実現するであろうが、その結果をふまえてやがて行政もなんらかの役割をもって加わらざるをえない状況をつくっていくにちがいない。かつてこの村は、岐阜県の強力な恵那市への合併方針、しかもそれを承認した村議会の決定を、住民の力ではね返し白紙化した経験をもっていた。住民主導で有意義・有効な地域事業の実現は、近時話題になっている「新しい公共」の展望を開くものだが、この事例はその実現の力がどこにあるかを教訓的に示すものとなるであろう。

この地域社会との関係という点では、三番目の「嘉美子集団」のケースは大都市での運動でもあり、かなり異なる。ここに集ったのは、広い名古屋市内外で主として保育活動で困難にぶつかり悩みをもった人々であり、労働組合といったいわば公的なグループでは十分につかみきれない問題を自由に交流しあう場として、さらにくらし全般にかかわる交際の場ともなり、そのなかで共通して強く求められた趣味の技能、生け花文化へのとりくみ（おけいこ）や舞踊をつうじて機能的につくられたコミュニティである。そのために、会の主旨、目的、事業内容はきちんとしており、それがコミュニティ参加の要件となるが、コミュニティ内部での個々人の活動は、それぞれの条件と能力に応じてきわめて緩やかで、自由な意見の表明や決定のしくみはきわめて民主的である。

この集団でとくに強調したいのは、グループ形成の直接的な動機となったのが、生け花の美しさとか舞踊の楽しさといった個々人のもつ感性だったということである。指導者だった嘉美子さんは、その習得を「大人の学習・人間発達の権利」ととらえて発展的に理論化した。それは重要なことだが、とりあえずは加入者の直接的な動機は花の美しさの創造であり舞踊の快適さで、この感性との合、不合が大きな加入の理由となったことは間違いない。その共感の繰返しの中で、職場の問題、社会の歪みなどなどが話題となっていく。それは社会一般の多くのケースのように、まずは社会的不合理という多分に知的、理論的、したがって理性的な判断が先行して参加を決めるのと大きく違う。しかしこの感性的動機による共感、そこから生まれる行動力は、概して強力で、そのことが日常多忙な仕事を持ちながら夜や休日の休息時を犠牲にしてまでも、この集団に加わることができた理由になっている。むしろお稽古にくることで疲れがとれ、気分を一新できるということではなかったか。この文化が集団形成の支えになったという例は農小グループにもあり、そこに集まったのはまずはフォークを楽しむグループでもあり、それが結集力を高めたという経過でも見られる。嘉美子グループ形成ではそれがもっとも純粋に現われたケースだといえる。

大都会の人間関係がばらばらになりがちななかで、参加しやすいしくみをつくりだしたことが、「嘉美子集団」を成り立たせるうえで重要なもう一つの要因であった。まず生け花教室が身近におかれたことで、多忙な日常生活のなかでも気軽に参加できた。しかしそのためには指導できる講師の数を多くしなければならないし、共通した会の理念を伝えるためのしくみがいる。自分の仕事、それも決して楽ではない保母（保育士）の労働に加えての講師集団の仕事が増えるのはたいへんである。しかも気軽に参加できるためには安い稽古料でなければならない。それでも会が楽しいという場ができ、日頃の悩みをいやし、話し合って自ら学び成長を感じる機会を確保することができるのは、歯を食いしばった頑張りではなく、花を活けることそのものの喜びだという。美を求め、それに触れる感情の強さがしくみ自体を支えている。そのしくみのおかげで、より多くの人が参加できる。それでも多忙、あるいは健康を害して長期のおけいこの欠席は避けられない。しかし独特の単位制によって、それまでの稽古が生かされることでの気軽さ、自由がある。だから会に加わることは負担にならない。その柔軟性とおけいこの厳しさのなかで「大人の学習・発達の権利」が生かされている。大都会のなかで、日常のくらしにかかわって感性による「友愛グループ」がつくられ、そのなかでの交流を通じて信頼が増し、その力で会が拡がる実例として華原の会の経験は教訓的である。

はじめはほぼ仲間が身を寄せ合って趣味の文化を軸に集まり、自己発達の機会を求めた会がもつ手ごろで気軽に加われて、日常の煩瑣なくらしから逃れて、心を和ませる生け花に出会えるという魅力は、「保母的な集団」を、もっと広いバラバラな都会のくらしのもつ苦しさを癒す場をもとめていた幅広い人々がともに集うコミュニティに変えていった。地縁でもない、職

（資格）縁でもない、もちろん会社縁でもない、この生け花（文化）縁のコミュニティ形成は、現代の都市社会で人々が自由に交流できる新たな場づくりの典型である。それへの参加のしやすさ（近さ、安さ、そして自由さ）を都市の中でどうつくりだすかが大きな悩みだが、「華原の会」は、なやみつつそれを成し遂げえた教訓的な話題である。

参加のしやすさという点で三つの話題と対極にあるのは最後にPV（太陽光発電）グループである。まずなによりも課題としているテーマの非日常性である。電気ほど日常のくらしに欠かせないエネルギーはないのだが、多くの場合それはまったくの受身の関係でしかない。スウィッチをひねる、ボタンを押す、それだけできちんと機能し、あとは料金を払うだけ、という、いわば疎外された関わりからは、「太陽光発電の会です」といわれてもなんの関心ももてない。それでも環境問題とか、省エネという言葉はしばしば耳にするので、自分のこととして考えてみようとしても、簡単に理解できない話が多く、さらに設備があまりの高価で、「手が出ない、簡単に計算してみて、すくなくとも経済的ではなさそうだ、国や自治体の助成もあるようだが、まだ儲かるとまではいかないし、ともかく面倒だ」ということになる。とにかく参加の壁は高くかつ厚い。

ＰＶを既に設置している人へのグリーン電力証書への参加勧誘問題ですら、ＰＶ普及による環境問題への貢献という知的・理性的了解なくしては一歩も進まず、収入の割には手続きが面倒らしいと敬遠され、地球環境危機が感性的に直接響くような関係にはなりにくい。ＰＶ設置者ですら参加の壁は大きい。

この参加の困難さは第3話でほんの少し触れただけだが、「民舞」の場合でも明瞭である。気軽に民舞が習えて、自己啓発にもなるというわけで、１００人余を集めていたグループの方針が、状況の変化で性格が変わり、新たに全国各地を回り、そこから日本の伝統の民謡舞踊を学び、それを普及しようという方針が出されたとたんに、会員は民舞への強いこだわりをもった20人ほどに減った。新たな会の方針はたしかに有意義だが、それは「友愛を通じて広く文化と自己成長を、さらに幼児教育への貢献へ」という以前の会の運動とはまったく別の、きびしい、参加の敷居が高い文化・芸術の高みを求める志向がかかえる問題である。理解はできても加わりにくいということでは、ＰＶのそれと同じである。

前三つの話題と第4話との対比にかかわって、やや議論がそれるが、付言しておきたいことがある。本書でおこなっているこの対比は決して対立ではない。いくらか比喩的に単純化していえば、幅広い仲間づくりと目的の高さを求める仲間づくりとなるが、横の広さか縦の高さかの二者択一が問題ではない。広く、また高く、横も縦も、である。第3話のいけばなの友愛集団を成功させたエネルギーは、名古屋でも専門華道評論家から折り紙つきの評価を得て、他の一流華道流派に伍して、愛知のオール華道派の展示会に出瓶し、有料で入場する観客を満足させる高さをもち、野の花を活けることの意味を訴える型をもつ華道として高められていったが、小さな10人にも満たないグループが２００人を越えるまでの広がりをもつことにより、華道世界に通用する高さをつくりだす、いわばボトムアップを追求してきている。同様のことは梳の湖農小の広がりをもたらし、子どもとその親を通じての農業の体験教育の重要さの認識を高めつつある第1話や支持者を着実に広げながらより高い福祉の事業を積み上げつつある第2話でもみられる。

もちろん理論的に達成した高みの魅力をつうじてその広がりをつくっていく道、いわゆるトップダウンの道もある。ＰＶに関して深い見通しをもち、その普及の意味の重要さを理論的に明らかにし、そのための条件づくりに努めながら広がりを実現しようとしている第4話の道もやはり高さと広がりを求めている。ＰＶネットは全国的な展開でその経験を集約して、あるべき政策をつくり、国の取るべき方向を示す政策提言の役割を果たしつつあるが、その実をさらに高めるためにはより多くのメンバーの広がりが欠かせない。そのために各地で普及に努めているのだが、静岡などごく一部の地域を除いて必ずしも成功とは言いがたく、そこに「友愛」の経験を導入できないかと苦闘している私自身の現状だが、違ったアプローチもありうる。むしろトップダウンがより広がりづくりに有効だという活動もあろう。しかし本書で明らかにしたいことは、いずれにしろ「友愛」関係形成にかかわる感性（文化的活動も含めて）を通じての社会問題にたいする運動の進め方は、決して軽視されてはならない重要な意味をもつことを強調することである。ＰＶネットの中部交流会が今論議し企画化しようとしている「友愛」仲間形成をつうじての活動の今後が注目される。

さらに「友愛グループ」形成にあたって重要な基底的性格は活動・事業の非営利性である。人と人の信頼・友愛の関係はあからさまな営利とは相反する。ボランティアで働いて、得られるものは、経済的利益よりはるかに高い価値をもっていることを実感している例として、椛の湖近くの村でのこんな会話があったという。農小の先生役を務める高齢の農夫が、近所の知り合いから、「おまえらあ、金にもならんことでよう苦労しとるな」と揶揄《やゆ》されると、「わしらあ、もっともっと大事なお返しをちゃんともらっとるで」と応え、農小の生徒やその父母のあつい感謝や笑顔でもらった反応（お返し）にむしろ感謝した。これが「友愛」でつながった人々の感じている自然の気持ちである。この非営利性は介護事業をおこなっている蛭川の「ひなたぼっこ」でも、事業体であることによる違いはあるが、経営を支える基本的性格として、共通したものをもっている。

介護・福祉のＮＰＯ法人として事業化しているがゆえに、その継続的運営のための財務の赤字は許されない。そのために必要な利益は確保されなければならない。日本では、福祉分野にたいする現在の資金配分は、一般的にいってきわめて低く、事業主体が高営利を追求することがないケースでもスタッフの給与を低く抑えたり、人数を減らしたりしてサービスを切り下げて事業の継続をはからなければならない状態に置かれている場合が多い。それをどう変えて、誇りをもって利用者に満足される充実したサービスを提供できる労働の場とするか、そのための環境づくりに苦労されているが、「ひなたぼっこ」は経理の全面公開、同一労働同一賃金、運営方針決定への全スタッフ参加という思い切った方針で、スタッフの働くモチベーションを高め、サービス内容の充実をもたらした。こうしたことが時を経ずして地元民、さらにはより広域へと知られていったことで、支援の資金や現物提供、あるいは直接労働といったボランティアによるさまざまな協力の広がりをつくりだし、経営の安定につながってきている。多くの人々の協力で署名が集められ、市議会への請願につながり、介護スタッフの待遇改善を国に要請する決議も採択された。スタッフが協同してつくっている労働のあり方が、分厚いボランティア力を集めているこの例は、今後の協同労働のあり方のすぐれたモデルたりうるのではないか。そしてその事業を支えている根幹は、やはり「友愛」の関係である。

以上、四つの例の話題から「友愛グループ」形成の基底をまとめたが、そのなかでしばしばコミュニティなる語を使った。ここでは、人々が信頼や相互依存関係で結ばれて、協同して社会的存在であることを示している集団（グループ）といったかなり漠然とした意味で使っている。しかし、四つの事例をみて、そのグループの成り立ちを追っていくと、集団を支える基盤やきっかけは決して一様ではなく、コミュニティの一語で片づけて済ますことはできない。この語はもともと近代以前の地縁集団の意味をかなり強くもっており、それへの連想が浮かびやすい言葉でもあり、紹介した実態からすればやや乖離した面もあり、名古屋の事例を含めていえば、適切とはいえないかもしれない。農村部の事例ですら、その地縁性はいくらかの役割は果たしているかもしれないが、けっして閉鎖的ではなく、逆に開放的で非地縁性があるがゆえに集団形成が進む傾向もあるので、その意味でも地縁集団の意味はやはりなじまない。

コミュニティに代わる言葉として非学術的で、幾分か曖昧ではあるが、「地域文化」はどうであろうか。地域に住みつづける人々に共通して沁みこんでいるくらし方の感性的な特性を意味する言葉である。はじめの二つの話題はどちらも岐阜県の恵那地方のものである。この地は山間の狭隘な痩せた耕地にへばりついてくらしてきた、美濃のなかでは貧窮の色の濃厚な地域であり、それに耐えることを長く強制され、くらしに沁みついてしまった土地柄で、明治以降第二次大戦戦時まで長い間にわたって、岐阜県の都会地の住民からは「恵那ぞうきん」とさげすまれながらも、反発することなく受け入れられてきた呼び名が通用する地域であった。戦後、恵那郡地方の小中学校の教師たちが、それを打ち壊す教育を展開した。かつて評判となった「恵那教育」である。学校の綴方の授業で、「貧しさを見つめ、意識し、それを乗り越える自己を創造すること」を掲げて、地域の保守層の抵抗にもかかわらず、広く展開して根強く支持された教育・文化運動となった。恵那教育が日常のくらしを通じて地域を耕し培い定着させた生き方が地域文化の典型例である。第1話と第2話の「友愛グループ」の中心も、またその支援者の多くもそうした教育・文化風土のなかで育ち、共感した人達である。1960年代の高度経済成長で貧困から抜け出す別の道として、経済的に繁栄する都市への移転や通勤で過疎が進み、地域が衰退し、地域で自己の創造、人間の尊厳の意味合いが希薄化するなかで、その再興を願う活動が「椛の湖農小」であり、「ひなたぼっこ」であるともいえる。2010年の秋、かつて全国に知られた野外フォークコンサートの開催を地元で発案し、実行の中心を担いながら東京人にすべての成果を吸い取られていくことに反発して、あえて地元フォークグループを結成し、地元にこだわって活動をささやかにつづけてきた「我夢土下座（カムトゥゲザー）」の40周年を祝うコンサートが400席をもつムラの会場で開催された。私はその雰囲気を知るべく出かけたが、予想に反しての大盛況で、「若い初老?!」の男女が、舞台といっしょになって、半身を動かして歌い踊る情景を目の当たりにして驚きとともに、ある種の感動を覚えた。まだ「恵那教育」は生きていることを実感した思いだった。恵那の地域文化の力が、ここの友愛活動を支えていたのである。

名古屋で展開する「華原の会」もまたそこの地域文化を大きな土台としたといえる。第二次大戦後の名古屋はながらく幼児教育・保育運動の盛んな土地柄であった。それを専門とする大学が置かれ、すぐれた専門教師が集まり、全国の保育士を目指す学生が数多く集った。彼等の多くは名古屋に職を得て、理想に燃えて働き、そして現実に挫折し、また再出発に努めて苦悩した。そうした地域文化が基底にあって、友愛に支えられた「嘉美子集団」の成長があった。面白いことだが、それと庶民のなかにあった名古屋の古い「芸どころ」文化の風土がマッチして、生け花という文化の華を見事に咲かせた。

「現代のコミュニティ」はそうした時代が求めるくらしの文化性を多分に含んで形成される。農村の都市化が進み、都市の資本主義文明が蔓延する中で、地縁性をもったコミュニティ、カイシャ縁的コミュニティはもちろん、いくらかギルド的な職（資格）縁的コミュニティまでが弛緩していくなかで、数十年の社会運動がつくりだした「地域文化縁的コミュニティ」が有意義な活動の場を提供している。もちろんそれが第二次大戦後のある期間がもつ特殊なものかどうかは検討の余地がある。しかし、人と人を結びつける文化のもつ意味がますます重要になることは間違いないと思う。その確かな根拠とはまだいえないが、椛の湖農小の成功と定着が周辺に伝播し、三つの姉妹校がつくられ、相互の交流がなされてきていること、また地元でもこれに刺激されて、特産の農産物を復活させ、楽しみながらそれを加工した新商品を若者を巻き込みつつ進めつつある「好辛倶楽部」が生まれ、いくらか重なり合いながら、都会人も加わる椛の湖農小グループといっしょに「さんさコンサート」を定期的にもつようになってきていることなど、の新たな友愛グループを生み出し、椛の湖農小の20年近い継続的活動がつくりだしたものそれ自体が「地域文化」―フランス語のUn local cultivéがその意味をもっとも適切に表しているような気がする―といえるようなものになりつつあることを感じさせているこ とを付言しておきたい。不定冠詞をつけたのは、まだ充分に一般化しえていないことを意味させている。広く地域的に展開している農協や地域生協も、「地域文化」の役割を果たす可能性があるのではないか。それに向けての意識的とりくみが求められる。

もちろんその「地域文化」は、農村部でつくられてきても、共同体的な性格はまったくなく、自由な意思で参加し、自らが主体となって協同して創る文化であることはいうまでもない。それは古い地縁的結合ともっとも異なった、個の自立が見られ、それだけ自由な関係の中での結びつきといったグループだというまったく新しい性格の友愛関係をつくりだしているように思われる。

椛の湖農小で、子どもが卒業しても親が無償ボランティアでスタッフや百姓先生として参加する人が増えているのは、こうした地域文化の基底が存在しているからであろうし、都会人主導の福祉施設ひなたぼっこが、かくも地域の人々に受け入れられているのも同じ理由ではなかろうか。現代の農村部までも含めて進む都市化社会のなかでの新しいコミュニティとする所以である。

Ⅱ．アージ理論からみた友愛グループ

１９７８年の６月、ほぼ１年のポーランド留学の終わりにちかく、私は１カ月ほどかけて当時の東欧諸国を旅した。もちろん一人旅である。プラハに滞在中、以前ポーランドで小耳に挟んだ情報で、ドイツ（当時は東）国境近くの町で興味ある開発が進んでいるのを思いだし、滞在時間のゆとりがあったのを幸いに、その田舎町に出かけた。出発時は大きなプラハ中央駅の案内のおかげで、最短距離を急行列車を使って、順調に行けたが、帰りは欲を出してエルベ河（チェコではラバ河）中流の渓谷沿いの景色を楽しみながら帰るコースにした。しかし辺境の小さな町のこと、まったくの不案内でただ簡単な鉄道地図が唯一の頼りで、適切な乗り換え駅がわからず、もっとも確実なローカル鈍行を選ばざるをえなかったので、なんとも時間がかかった。この分ではプラハ着は真夜中か、あのまま同じコースを帰ればよかったと、反省と不安が走り出した頃折りよく車掌が通り、たどたどしく説明してもっと早くプラハへ帰りたいと訴え、急行停車駅を教えられ、ともかくひどく苦労してホテルへ着いた。そこで、旅行中初めてだったが、日本語を喋る中年夫妻を間近に見た瞬間、体がホッと熱くなり、心臓の鼓動も一瞬変調した。どこの誰かも知らず、言葉も交わさなかったが、あの長時間の不安の末に日本人

にあったというだけで起こった肉体の微妙な生理の変動は、今も忘れられない。これがこれからとりあげたいアージの一種としての「友愛アージ」の生きた例である。不安のさなか、友人にあったときの、ほっとするときの体の反応も含めた経験は、多くの人が持っているのではないか。

このアージ理論は元北海道大学（定年後中京大学）教授で、国際的に著名な心理学者戸田正直氏の提起した理論である。アージ（urge）とは、刺激とか衝動といった意味をもつ英語だが、それをもたらすきっかけが生得的、遺伝的なもので、人類生存にもかかわった感情にともなう生理反応に関する現象のことである。その理論の全貌について語ることはできないが、本書のテーマに関する限りのことについて、これまで述べてきた「友愛グループ」成立・経緯を理論づけたい。

まず、戸田理論によれば、アージとは太古人類が他の類人猿科目から分かれて、地上での直立歩行による生きかたをはじめてから、人間社会が他の野生動物の攻撃から身を守り、個体と種の保存に努めなければならなかった数百万年の間は、襲う敵を倒す強大な力もなく、逃げ延びる俊敏さもなく、ただ集団をつくり、協力し合うことが唯一の手段だった時代に取得した能力のことで、それを瞬間的感覚で身体を動かし対処する能力まで含めた外部状況の認知活動として規定し理論化したものである（戸田正直『感情　認知科学選書24』東京大学出版会

1992年）。

たとえば危険が迫ったことを知覚で認知したとき、自己の身を守り、種を守るための記憶、意識までも含めた瞬間的な心身活動の連携システムが、類としてのヒトの生存を可能にし、遺伝的に受継がれたことが今日の人類社会の存続につながった。もしこの時、いくつもの対応を考え、その中のどれを選択するのが合理的かといった対応をとったとするならば、行動する前に最悪の事態を招くことになりかねない。まさに瞬時の直感的な判断がなければ、生存はおぼつかない。こうして、その直感的判断にすぐれた個体が生き残り、数百万年の長いながい進化の過程で、遺伝的、生得的な資質が人類に備わることになった。これが科学として規定され実証もされたアージ理論の一例である。

友愛アージはどうか。個の生存だけでは人類は存続できない。類として存続するためには、自己保存、つまり自利判断だけでなく、仲間の危機をも助ける他利判断が必要である。一定数の集団をつくり、集団内の他者を危機から救い、あるいは支援することで、初めて類の維持ができる。集団でなければ生き延びれなかった人類が進化の過程で必然的に備えることになった感性の働きで生理的に身体に生じ、瞬時に発動し行動するアージである。そしてそれもまた進化の過程で、遺伝的に生得化される。

こうして生物学的ヒトが個体として、また集団の類として生存に関わったアージを遺伝的にもち、他の生物にくらべて異常に繁栄し、知識を蓄積しえた人類は、やがてそうした種類の生存の危険をほとんど感じないでくらせる時代を迎える。戸田教授はそれを農耕社会の始まりで1万年程度以前としている。それ以後においてはそうした能力はまったく無用だが、そうなったのはたかだか1万年そこそこの期間のことであって、生存のために欠かせなかった遺伝子が変更されるにはあまりにも短期間で、いまでもそれを持ちつづけており、かつての生存の危機に直面するといった状況がなくなった現代でもなお生来的に作動する。

現代においてもそれが大きな意味を持つのは、知覚・感情に直結するアージは当初の判断・行動は個人には微弱であっても、その場にいる人々共通のアージの発動によって、大きな影響を発揮し、さらにムードとなってそのアージを高めることで大きな行動力をもつようにもなりうるからである。それらは一時的なものとして消えてしまうものもあり、破滅的なパニックともなるが、またあるものは度重なる体験を通してより確固とした知識となり、理論化され、正しい理性的判断による行動に代わっていくものもあり、アージはその意味で当初の感情をつうじて人間の理性的行動・判断に全体として大きな影響をもち続ける。自己保存の行動は恐怖アージのもたらすものであり、また種全体の保存につながる友愛アージをつうじて、他利行動が発動される。それらはそれぞれ理性的判断を加えて、自由と平等という普遍原理に純化されていくが、その出発はヒトが種の発生以来の長期の間につくりだし、今に至るも遺伝子的に持ちつづけている知覚に直結する感情・感性に関わる自己および種の保存様式である。

ただ、戸田氏も繰り返し強調するのは、アージが発動するのは人類原初の時代であり、現代では安易に取り扱わず、多面的な考察が必要なこと、またそれが有効なのはコミュニケーションが短時に容易にゆきわたるという、かつてのヒト集団において典型的であった小集団のなかであって、その数はせいぜい１００人（研究者により50人とも１５０人とも）であり、大集団を律する行動・判断様式ではないということである。事例でいえば、第１話から第３話までの小集団により適合し、第4話のより大きな集団ではうまく働かないことの説明ともなる。大集団にあっては、より理性的行動・判断により規定されるのであって、そのもっとも合理的なしくみがビュロクラシーである。しかし大集団であっても、その組織の関係がネットワーク的で、小集団がうまく連帯して全体を形成するといった場合には、アージは有効性をもちうるだけでなく、より活力をもった集団形成につながる。ＰＶネットという全国的集団のなかでの地方的な組織として、そうした関係をどこまでつくりうるかに苦悩する所以である。

さて、以上のアージ理論は、私が取り上げた事例の友愛グループ形成状況をよく説明してくれるのではないかと考えたい。もっとも、最後のＰＶグループの場合は、いくぶんかネガティブな形ではある。農小グループの中心の形成は文字どおり狭い範囲の共通のくらし文化をもった仲間のなかでの友愛アージであるが、それがはじめた農小事業に参加した都会人のなかにも同じアージが起動して、農小グループの輪を広げていることに注目したい。子どもがすでに成人してしまった元生徒の親で、農小が開校される毎月一回は必ず参加し、自ら作業指揮し、あるいは作業指揮の先生に指図されながら嬉々として作業にいそしむメンバーの2、3人に尋ねても、みな同じ回答、「来ていつものみんなに会えることが嬉しい、それが明日からのくらしのハズミになるから」である。さして重くない自己負担で農場へやってきて、汗して作業して、何も金銭の報酬はないが、それでもやめられないのは、ここの友愛関係のなかに身をおくことの満足という友愛アージに起因した感覚が持続して、くらしにきちんと根づいているおかげなのである。

嘉美子グループでもまったく同じで、昼間は条件がかならずしも恵まれない環境の中での保育労働による心身の極度の疲労のなかにありながら、生け花稽古の仲間に会い、先輩講師の指導を受けながらお互いの出来を評価しあい、さらに他の日頃のくらし・労働のありようまで雑談しながら過ごす楽しさを思えば、疲れも吹っ飛ぶというのもやはり友愛アージである。アージにつながるものが花でも民舞でも役割はまったく同じであったが、嘉美子集団からはなれて別の参加負担の大きな活動がはじまった民舞では友愛アージが作動しなかった。あらたな民舞活動はきわめて強い意思と過重な負担を必要としたからで、きわめて熱心な少数にとどまった。一方、逆に手軽な負担でえられる友愛アージによる感性を大事に維持しようとした生け花グループでは、それをくり返すなかでよりよき芸術・文化への欲求を次第に高め、それがまた職場の労働にも何かと新たな意欲を燃やすことをつうじて、この友愛グループのつながりをより強め、より成長させてきた。

同じ友愛アージの起動から始まったひなたぼっこグループでは、さらに仲間の高齢者・しょうがい者への支援・援助アージが連動し、すぐれた福祉・介護労働が拡がっている。近隣の住民もそれを見たり聞いたりで認知し、共感して支持する仲間として、友愛アージによって事業所に積極的な支援をおこなうことにより、困難ともいえる資金活動さえ成功するほどの力を発揮してきている。これは蛭川という小さな集落での経験で、いまそれをより大きな中津川市中心部で生かして福祉施設づくりが始まろうとしているが、地縁的色彩はほとんどないところでの運動として成功するか否か、大いに注目される。なによりも友愛仲間が新たなコミュニティとして地域文化を基底にどこまで広がるかが、成否の鍵となろう。同時に、ここでの運動のキーはもうひとつ自治体の対応のありようにかかっており、新たな公共づくりの共感をどうつくり出していくか、多様な意見と要求をもつ広い住民や自治体職員との協同のあり方が問われよう。

ＰＶグループの活動にあってはこうしたアージは起こらない。もっと複雑な意味・内容・理論をしっかりと理解した上での協同の仲間である。また太陽光発電はカクカク地球環境に良く、すばらしいことだと感動を伝えるＰＶ会員の話を聞いても、「少し変わっているな」とか、せいぜい良くて「ふうん、立派だね」と冷たい賞賛を受けるに過ぎないことになりがちである。行動につながる賛同をうるには、もっと詳しい地球危機のこと、そして高価な設備をつけてどれだけの効果があるのかといったさまざまな知識を聞き、じっくり判断した上でなければならない。目で見たり、直接触れたりして、共感につながりやすい知覚で感情に訴えかけるものがない。電気は目に見えず、触ることもない。せいぜいメーターという表示針が動くだけである。そうしたメカニックなものはアージにつながるなにものもない。結局は資金投下に対する効果への評価、「投下資金の回収に何年かかるか」という冷静な話になるだけである。こうした資金投下の有効性が会員の脳裏に大きく広がると、同じ目標をもつ会員ではあっても、友愛で結ばれる会という性格はいちじるしく弱まる。そのことでＰＶネットの意味が低まるといったことはもちろん、ない。しかし友愛アージをつうじての会の拡大といった現象はあまり見られない。しかしＰＶの普及は地球環境問題の観点からいってきわめて重要であり、これへの関心をもっともっと高めることは重要であり、そのためにまだ十分にそのことに理解はないが大きな関心と共感がえられるようにアージを引き起こす会としての工夫が欠かせない。

「智に働けば角が立つ。情に掉させば流される。意地を通せば窮屈だ……。」これは夏目漱石の『草枕』の有名な出だしである。情に流されることなく、知に働きかけて角を丸くし、窮屈な意地を通すことなく課題を解決していく、そんな活動スタイルはなかなか難しい。基底的な「地域文化」に深くかかわることではないか。

Ⅲ．人類の基本原理となった友愛

歴史的検討

人類が文明社会をつくり、生存にアージを必要としなくなってからの問題に話を進めよう。奴隷制や封建制の社会は権威と暴力によって人の支配と富の独占を維持する体制がつづいた。しかし、富の蓄積が財貨の交換をつうじて実現されるようになって、人が根源的に持っている生来の自己保存の活動が社会で大きな意味と力を持つようになった。それはやがて自由の原理として社会的に承認されるようになり、自由な市民の競争活動を軸とする社会へと変化していく。そこでは友愛の原理は弱まり、ただ宗教による現世的、また来世的な博愛・慈悲として訴えられることはあっても、平等原理にまで理論化されることはほとんどなかった。自由な活動原理のもとでは、平等とは特定の人が特権をもつことがない。いわゆる事前・出発平等主義を意味し、自由な競争を補強する原理であった。

こうした個人の自由な競争のもとで、対立・混乱なく存立する社会のあり方を論じたのが道徳哲学で、そのなかでもっとも人口に膾炙《かいしゃ》されているのはアダム・スミスの『道徳感情論』である。この著作は1759年に出版されたが、その後繰り返し改定され、『国富論』出版以後もその作業がつづき、死の年1790年に最後の改定となった6版では大きな増補と書換えがおこなわれている。まさにスミスがもっとも力を注入したこの著作は、かれの先達のホッブスが『リバイヤサン』の中でも、またその後も他の啓蒙思想家によっても、まだほとんど論じられなかった道徳と経済の関係を十分に考察したものとして、現代でももっと読まれるべきものだと思う（水田洋『アダム・スミス』講談社学術文庫）。

「富と名誉と地位を目指す競争で、彼はすべての競争者を追い抜くために、できる限り力走していいし、あらゆる神経、あらゆる筋肉を緊張させていい。しかし、彼がもし、競争相手のだれかを、おしのけるか、なげ倒すかするならば、観察者（見物人）たちの寛大さは、完全に終了する。それはフェア・プレイの侵犯であって、彼らが許しえないことなのである。この相手は彼にとっては、あらゆる点で彼にとって同じ程度に善良なのであり、だから彼等は、自分をこれほどまでこの相手に優先させる彼の自愛心に入り込まない（同感しない）のである（水田前掲書　63頁）」。自愛心あるいは利己心は自由に能力を発揮して競争で優位に立つことならばいいことだが、それは競争者たちの共感がえられる範囲の行為でなければならず、何をやってもいいというわけではない。利己心の自由な発揮は世間の共感という限界があることを指摘した部分としてよく知られている。

しかし、この「共感」という言葉、また書名の「道徳感情論」から受ける心象から、瞬間の感情が引き起こすアージとの連想を頭に浮かべてはならない。スミスは共感が親類や親密な仲間、知人においてきわめて強いことを述べながらそれは重視すべきではなく、もっとも関係の薄い人たちの共感こそが彼の行為の公平で中立性の判断となることを強調する。交換社会では、不公平な取引で一時的な利益をえても、それは継続性をもちえず、すぐに市場から退去させられると述べて、共感のもつ客観性公正性を重視する。こうした共感はくり返される取引をふまえての慎重な判断を意味するもので、瞬時の感情で起動する親密な関係者の友愛アージではない。交易が重要となる社会では広い世間の一般的許容の範囲と自己の制約された許容判断の一致が存在することによって、自由な行為による秩序が保持されるのである。

この自己の許容行動を決める「良心」と世間一般の許容つまり「世論」の一致という考えは初版で強調されるが、2版本以後では外の他人、世間の判断・評価を「下級の法廷」と名づける一方、内側の良心の判断・評価を「上級の法廷」と呼んで、後者をむしろより重視するように変更される。それは水田教授によれば、「良心は個人のなかに取り入れられた社会の目であり、それが定着するまでには、さまざまな経験や思考が積み重ねられてきたのだから、かえって偶然的一時的な世間の賞賛や非難よりも信頼できる」からだという。ここでは初版本の読者の批評などを念頭に、世間の判断・評価は一時的・感情的だとしてより理性的な自己の良心に比して信頼度は低いとして、主張に大きな変更を加えているが、しかし両者の差は、良心が世論の浄化されたものと規定していることから分かるように、さして大きくはない。この良心と世論の対立、もっといえば理性と感情の対立の激化は、彼の死の直前に起こったフランス革命において決定的となった。アダム・スミスの理解したフランス革命は一時の激情で始まった民衆の暴動に過ぎなかった。そして、民衆、とりわけそのなかで富を蓄積してきた市民（ブルジョワジー）階級の自由な活動を制約し、王侯貴族の自由と横暴を押し通す不公正な社会（アンシャン・レジーム）への怒りの革命運動であることはまったく知らないままスミスは死んだ。

確かにフランス革命は、啓蒙思想が掲げてきた社会の自由と平等を求める巨大な政治運動であった。民衆の感情は、目に見える形で民衆を苦しめていたアンシャンレジームの特権者による抑圧と、それによる貧困に起因しており、民衆の巨大な行動を後押しする力となった。新たな社会で権力を獲得した市民階級が実現したのは、理念的には誰でも平等で徹底的な自由が認められる社会であった。しかし支配をめぐって揺れ動く政治のうねりは、外部からの干渉に対抗しながらジャコバンの主導から恐怖政治、そしてナポレオンの権力奪取へめまぐるしく変動するが、旧体制下の不自由と差別の社会から自由と平等への人権原理に沿った社会への転換そのものは徹底していた。富の自由な追求の尊重はもちろんだが、そのための差別なき行動の保障も、たとえば１８１０年に制定された刑法による中間団体（典型的には旧制度下の、親方が支配する徒弟制度のごとき）の自由な設立は一切認められず、20名以上のいかなる団体も政府の認可を必要というように徹底された。こうした「自由と平等の徹底」はきわめて理念的形式的であり、実質はいちじるしい社会の不自由と不平等を結果したことはいうまでもなかった。

アンシャンレジーム下での特権によって広大な土地や資産を蓄積していた旧貴族など富裕層は金融、鉄道など新たな社会が必要とした分野に有利な投資を行い、大会社を設立して大きな富をえたのに対して、旧制度で僅かに保護されてきた職人・労働者や農民は、あらたな自由が横行する社会の中では一切の保護がなくなり、以前に増した困窮なくらしを余儀なくさせられ、貧富の差は以前に増して拡大した。自由に富を追求する行動は誰にでも等しく認められたが、貧窮階級を救済する平等は自由を阻害するものとして拒否された。平等を求める団体は自由の名のもとに弾圧された。

そうしたなかで貧窮の民衆にとっての鬱積した不満は、都市ではごく細分化された職能別の労働者のグループ、あるいは農村では少数の農民の共同作業などの小集団で受けとめられ、それらが夜の飲酒・娯楽や祭りの場など、いわば日常のくらしの中で取上げられ論議されながら力をえて蓄えられていったといわれる（『アソシアシオンで読み解くフランス史　結社の世界史3』山川出版　2006年）。そのエネルギーはきわめて情緒的瞬時的であったが、アージの起動によるムードによって巨大な爆発力を持っていた。それを現実に爆発させたのが1848年の二月革命であった。まだ充分な力をもたない市民階級が支持する共和派とアンシャンレジームに起源を持つ勢力が支持する王党派の抗争で弱体であった政治権力は、その爆発力で揺らぎ、革命は一時的に成功するが、その運動のエネルギーの小団体的分散性によって新しい社会に向けての政治的な結集を欠き、結局再びナポレオン3世の政治となる。がその過程で実質的な自由と平等を求める声は、サン・シモンやフーリエの社会主義思想をもたらし、ルイ・ブランらの努力もあって、いくつもの成果をもたらした。「自由か、しからずんば死」というサン・シモンの発言の趣意は、フランス憲法でなかにはじめて友愛の原理を基本的人権として位置づけることにつながり、それにもとづいたいくつもの結社の自由が認められ、アソシアシオンが社会政治組織としての権利を保障させることとなった。

この二月革命によってルイ・フィリップの王制は崩壊し、第二共和制となるが、その政権下の1848年11月4日、「第二共和制憲法」が成立した。「この憲法の人権宣言は、前文および第2章（「フランス市民の権利の保障」2条~17条）に見られる。まず前文で、フランス革命以来の自由と平等に友愛を加えた3大理念を共和国の原理とし、家族・労働・財産・公の秩序を共和国の基礎とすることを謳い（4節）、市民は友愛の精神により相互に助け合って、公的幸福に貢献すべきこと（7節）、共和国は市民の人格、家族、宗教、所有、労働を保護する義務を負い、市民に不可欠な教育を配慮し、かつ友愛的な助けによって貧困者には労働を得させ、労働できない者に家族がないときには公的な扶助により、それらのものの生存を確保すべきこと（8節）を宣言」した。ここに友愛主義にもとづく平等を担保する広範な社会保障的政策原理が政治の基礎として明文化されることとなったのである（憲法政治学研究会編『人権条件』嵯峨野書院、2007年 31頁）。1789年の大革命で高らかに掲げられはしたが形式的抽象的にとどまった「自由と平等」から実質化していた自由とともに、友愛原理にもとづく実質的平等の確認へと転換し、はじめてフランス社会・政治の基礎に人権措定された画期となったのである。

この自由、平等、友愛を人類の普遍の原理として確立させた原動力は、1789年の大革命によって「等しき自由」の名のもとでなされた政治の抑圧下で、抵抗の場としてつくられざるをえなかった小さな仲間集団（アソシアシオン）が蓄積してきた瞬時的爆発力であり、生活苦が起動したくらしの場での怒りのアージであり、さらにその根元には仲間集団を形成させた共感、友愛があったことを、ここであらためて強調したい。同時に、狭い仲間グループの短時の感情に左右されがちなムードをともなう友愛は、より深く認識され、理念化された友愛（フラタニテ）に変化していくことになる。18世紀末から19世紀後半までの一連の政治革命は、こうした経過を経て、真に内実をもった、したがって世界の歴史過程で実質的な力をもった人権原理としての「自由、平等、友愛」を打ち立てることができたのである。この経過からみて、友愛アージの起動はきちんと理論的に整備された意識とそれを体現した集団に発したものとはかならずしもいえなかった。サン・シモンやフーリエらの社会理論もそうしたものの反映をもっている。そのため、駆け引きに長けた政治集団によって三つの人権原理による安定した社会を打ち立てるにはいたらなかったとはいえ、その後の歴史において、しかも第二帝政という反動期にあってもなおかつ、いくつもの人権擁護のための法律の改正をかちとり、やがて1901年の結社法によってアソシアシオン結成の完全自由の獲得に到る。この結社の自由の獲得に到る仲間集団の抑圧に対抗する1世紀余に及ぶ運動は、その後のフランスの、そして現在のＥＵでの「社会的経済」重視の流れにつながって、社会づくりに大きな意味をもってきていることは、周知の事実である。

友愛と連帯

「社会的経済」については、ここ数年来にわたって、西川潤、富沢賢治ら諸氏のすぐれた紹介、研究があり、わたしも学ぶところが多かった。それらのなかでとくに『友愛社会とは何か』（富沢賢治著　非営利・協同総合研究所ワーキングペーパー２　２０１０年３月未定稿）は、諸研究を網羅的にふまえて「社会的経済」が論じられてすぐれており、示唆に富む多くの指摘がなされているので、未公刊の研究論文ではあるが紹介かたがた私見の友愛についての整理に利用させていただきたい。『論文』によれば、社会的経済とは、営利目的ではなく、社会問題の解決をめざして活動する組織が担い手となる経済で、国家・自治体のになう第一セクター、民間企業が担う第二セクターと並んで、第三セクターとも呼ばれ、他の二つの活動がもたらしがちな社会的な諸問題の緩和・解決の役割を果たすために重視されている。ＥＵではこの経済活動に総就業者の５％（１９９６年現在）の人々が加わっており、医療・福祉分野での国などのサービス機能の低下を代替し、非官僚的で利用者や労働者の自主的参加や協同労働による効率を向上させる活動がなされているという。富沢教授は、もっとも著名なスペインのモンドラゴンの実績をふまえた「社会的経済の倫理的な要素は連帯である。連帯に基礎を置く社会をつくるためには協同労働が基礎となるような企業文化が必要」というスペイン研究者の言葉を引用して、連帯にもとづく協同労働で社会問題の解決をめざす経済の重要さが指摘されている。第三セクターを民間と公的機関の混合部門という、国際的理解とはかけ離れた認識にとどまるわが国の社会経済＝第三セクターの運動実践の欠如を克服するためにきわめて有効な指摘である。

富澤教授のこの論文の論述のなかで私がとくに重視したいのは、社会が、人と人、人の組織と組織の関係といった形式的な組織のあり方という一般的理解ではなく、人の生命を生み、育て、守る「人づくり」（人間の生産）として、つまり生活構造として捉えられていることである。それはすでに早く1987年の著作『労働と生活』（世界書院）のなかでマルクスの理論のいう「社会構成体」の基底として、抽象一般的になりがちな理論を生きた具体的な把握とするために「社会的生活過程」を設定し、その社会的生活過程のもっとも重要な問題は人間の生産だと主張されていることと係わる。社会は人づくりであり、生活過程つまりくりかえされる日常の生活との関係で社会が捉えられていることである。友愛はまさにその日常の生活のなかで情緒的につくられる信頼が、くり返され強固になって形成されることは、本書の具体的事例の中で繰り返し指摘したものである。社会とはヒトが人として成長・発達するための関係であり、そのなかでの経済はまさにくらしと密接に一体化している。富沢教授の引用するフリッツ・パトリックの『社会政策エンサイクロペディア』のなかでの社会的経済の解説で、「社会的経済は、経済を社会に埋め込むようなホーリスティックな経済発展観を採る」との文章は、深い含蓄ある内容を含んでいるが、第1部でとりあげた具体的事例をふまえて考察すれば、容易に理解できるものである。

富沢論文が社会的経済の詳細な検討を経てまとめている「社会的経済論の政策提言」は基本

的・原理的には正しいと思う。第一の国家セクターが「平等」を、第二の市場セクターが「自由」を、そして第三の民間非営利セクター（社会経済セクター）が友愛あるいはその現代的概念である連帯の三つが支える社会を「友愛社会」と規定し、その安定的なバランスで、三つの課題の実現をめざす。その第一は、民間非営利組織間の協同を強化することによって、民間非営利組織セクターの枠をさらに拡大強化すること、第二は第一の課題をつうじて、地方自治体や地元企業など、なんらかのかたちで地元住民に貢献しているあらゆる組織の間の協働を強化して、地域社会活性化のためのネットワークをつくりあげること、第三は市民社会における公共的活動をつうじて、諸個人・諸組織を結びつけ、グラス・ルーツから公共性をつくり、新たな共同体を形成することだという。

それを可能とする三つのセクター鼎立社会の安定は、困難といわれる自由原理と平等原理の両立が、連帯原理の媒介によって互いによき関係をむすびあうというベストミックスのもたらす混合経済の故であるとされる。

この部分について私は「基本的・原理的には」と限定して正しいとした。別の限定はF・パトリックの指摘にもある。彼は社会的経済組織が主として小規模で、必要なファンドも狭いコミュニティにとどまりがちで、グローバル市場で長い期間にわたって活動を持続することの困難性に触れて、グローバル化した企業を超越することはできず、ケア労働の分野や過疎・衰退地域での人々のための事業など、営利企業が無視するような分野での貢献に強い期待を寄せていて、概して限定的評価が目立っている。もちろん、富沢教授の三者鼎立社会の提起は、第三セクターが第二セクターに優越するという単純な展望を描いているわけではないので、この判断と対立するわけではないが、それにもかかわらず社会経済分野を強めていくという富沢教授の政策提言は必要であり、支持したい。

私がそれにいくらか限定的なのは、パトリックと違って、小規模で限られたファンドに頼り、市場経済で不利な状況にあるためではなく、むしろそうした小グループの事業であるがゆえにもつ友愛アージのエネルギーを重視するからであり、それを起動させる事業組織と行動力を保持しながら、その組織がより大きく連帯していく展望をもちたいからである。すでにくり返して述べてきたが、友愛は日常性の友好・信頼がつくりだす感性に強く影響される関係であり、地域文化あるいは文化風土といった独自性の強いものもあり、相互に単純につながるといったものでない。私は椛の湖農小の聞き取りで、出発から数年後に全国の同様団体の交流会が二度ほどもたれたが、一部の性急な全国普及活動へのこだわり発言に嫌気がさし、交流が途絶え、その団体はその後短年のうちに消滅したという話を聞いた。深い理論化による「友愛＝連帯」にたいして稀で偶然かもしれない事例を対置するつもりはないが、イコール（＝）表記のうちに両者の違いの大きさを軽視するおそれを感じる。性急な連帯が友愛のもつエネルギーをかえって萎ませてしまうことがあってはならない。

もちろん、先にも触れたが、友愛の関係がそのままであってはならない。それを持続させながら、そのなかからさらに先の関係へと高まっていく必要がある。それは表記すれば「友愛→連帯」であろう。この友愛と連帯の間には大きな裂け目があり、その移行は単純ではない。第一部の話題でいえば、「ひなたぼっこ」でおこなわれているより大きな連帯への志向は、まだほんの一歩ではあるが、注目に値するように思う。スタッフの自己発達のための学習が、たくさまない自由な雰囲気のなかで静かに進んでいくことに期待したい。多くの波乱も予想され、先はまだ遠い。

連帯という語の中に、小組織を合わせてより大きくし関係を強化して、組織力を高め、行動の影響力を発揮するというイメージが拭えない。そのために不可避的におこなわれる組織の理論的統合の過程で、友愛アージをもたらす感性は消滅せざるをえない。そうした連帯が組織の強大化にもかかわらず、巨大なグローバル市場経済のなかでの主体性を持つことは容易ではない。そこに日常性からの乖離はないか。「自由」「平等」「連帯」の鼎立社会が理念的に存在するのは、日常性、課題限定的・場所限定的な比較的小規模グループのもつ「友愛」が自由と平等を有意的に媒介しうるからであるという歴史的、理論的な原理をふまえた「連帯」が求められねばならない。社会的経済の組織を、自らの運動によってかち取ったという歴史を持たず、ただ理論としてその有意性を確かめ、現代社会に広げ定着させていく傾向が強いわが国では、抽象的・形式的自由と平等を具体的・実質的なものに変換させていった感性に起因する友愛の活動を、とりわけ重視したい。こうした運動論的視角を社会構造論に内包させたいために、あえて限定を附した。

現象的にいえば、日頃のくらしの場での親密な交友関係のうちから発する社会問題解決への非営利の事業・行動の存在を充分にふまえた社会的連帯が求められねばならない。その場合にのみ友愛は現代社会で有意義な社会的経済の担い手となりうる。今日のコミュニティは、都市はもちろん農村でもかつての共同体組織ではなく、都市と等しく分散的な多意識化がすすみ、くらし維持のためのさまざまなニーズは未組織のままで、しかし同時に、場所により多様な特徴を根強くもって存在している。だからこそ数多くの多様な友愛グループが住民の支持・援助を広げ、有効に行動しながら社会を変えていく可能性は大きい。それが新たな地域文化を広く根づかせ、その上にまたあらたな友愛グループづくりがすすみ、さらに大きな連帯づくりが試みられつつ、グローバル化した現代社会のいきづまりを打開する道がつくられていくといった累線的なプロセスを描きたい。

Ⅳ．友愛の現代的意義―エピローグに代えて

21世紀の現代は、経済の拡大・進展をめざす社会ではなく、市場経済がよくなしえなかった分野（余暇・レクリエーション・文化、ケア、自己実現の学習・教育）により社会的労働を配分する「持続可能な定常型社会」への道が今後の大きな方向であり、またもっとも可能な方向であることを広い視角と緻密な考察から整理しながら明快に示した好著『グローバル定常型社会』（広井良典著　岩波書店　２００９年）が出版された。私の理解を超える部分もあるが、主意には大いに賛同したい。

世界的にみて、「定常社会」が社会科学の問題として理論的に考察されるのは今回が二度目である。最初は、19世紀の産業革命がまだ本格的な展開を見せ始める前の、農業を経済の基底として社会の分析が進められていた時代であった。マルサスが『人口論』をあらわして、人口の増加と食料生産の増加のアンバランスのなかに社会の混乱と低迷状態の発生を展望したが、その根底にあったのは、農業経済部門をもとにつくられた「収益逓減の法則」で、それにしたがって最終的にもたらされる生産分野への投資利益がゼロとなる社会、したがってもはや経済成長がなくなる社会をめぐっての議論である。富の増加こそ社会の進歩とする先進国イギリス

の経済学者は植民地への拡大を念頭にそれを否定したし、貧困な労働者や農民など多数の人民の経済向上をめざす社会改革者は、「法則」の誤謬を指摘し、社会の停滞という見通しを否定した。

そのなかでＪ・Ｓ・ミルは大著『経済学原理』のなかで、社会の「停止状態について」の章を設け、進歩の果てに停滞状態に到達するのは当然だと、肯定的に論評した。そして彼は、「資本、および人口の停止状態なるものが、必ずしも人間的進歩の停止状態を意味するものではない」として、そのような社会でも「あらゆる種類の精神的文化や道徳的社会進歩のための余地は従来と変わりない」と述べ、そこで生まれる可能性のある技術の改善は、これまでのように富の増大という目的にではなく、労働を節約し、人間の日々の労苦を軽減するために役立ち、ひいては人間の文化的・精神的進歩を促す可能性がある」と論じた（岩波文庫　ミル『経済学原理』第４分冊　１０１～１１１頁）。時代の制約もあり、功利主義を肯定するその理論的な問題も多いが、その部分で展開された「停滞社会＝定常社会」の捉え方には見るべきものがある。

その後の歴史の事実は、資本主義が工業分野を開発し、人間の欲望を一挙に広げ、膨大な生産能力をつくりあげ、それをさらに維持発展させるための、人間の欲望拡張政策、はては戦争・破壊を含む暴力的競争政策や巨大な金融の仕組みづくりを進め、富がいちじるしく偏在する社会をつくりあげた。その過程で「新商品開発」と「その生産の拡大」はつねに推進の先頭に立ってきたが、いまその限界が見えてきている。長い間、先進国ではもっとも魅力の商品だったクルマすら見捨てられつつあり、世界のトップ企業だったGMは破綻し、トヨタすらもつまずいた。その膨大な生産能力は、新たな販路となる新興国市場への進出にしのぎを削りつつあるが、同時に地球資源の合理的利用をゆがめ、環境の悪化を際限なく進行させ、人類の健康を大きくむしばみ、くらしの絶えざる不安を引き起こし、人類生存の歴史がつくりだした文化的多様さ・豊かさを枯渇させてしまう可能性をはらんでいるのが現代的動向である。

しかし、その生産能力はまた逆に、資源・環境の限界をきちんと守り、公平な分配をつうじてより多くの人々の物的、精神的生活の充実に役立てられる新たな社会をもたらし、人間発達の権利が誰にでも認められる、つまり人類の「新たな定常社会」の展望が語られうる時代でもある。

ミルの時代とは違って、市場経済は極度に国際化、グローバル化し、さらに地球環境資源の限界が見えてきている時代に、持続可能な定常社会をどう捉えるかというテーマはきわめて整理困難である。広井教授は前掲著の第4章で、公（政府・ナショナル）、共（コミュニティ・ローカル）、私（市場・グローバル）の三者を整理・関係づけて、「世界市場プラス再分配モデル」と「小地域自給モデル」の組合せが望ましいと帰結されている。混乱している私の頭の整

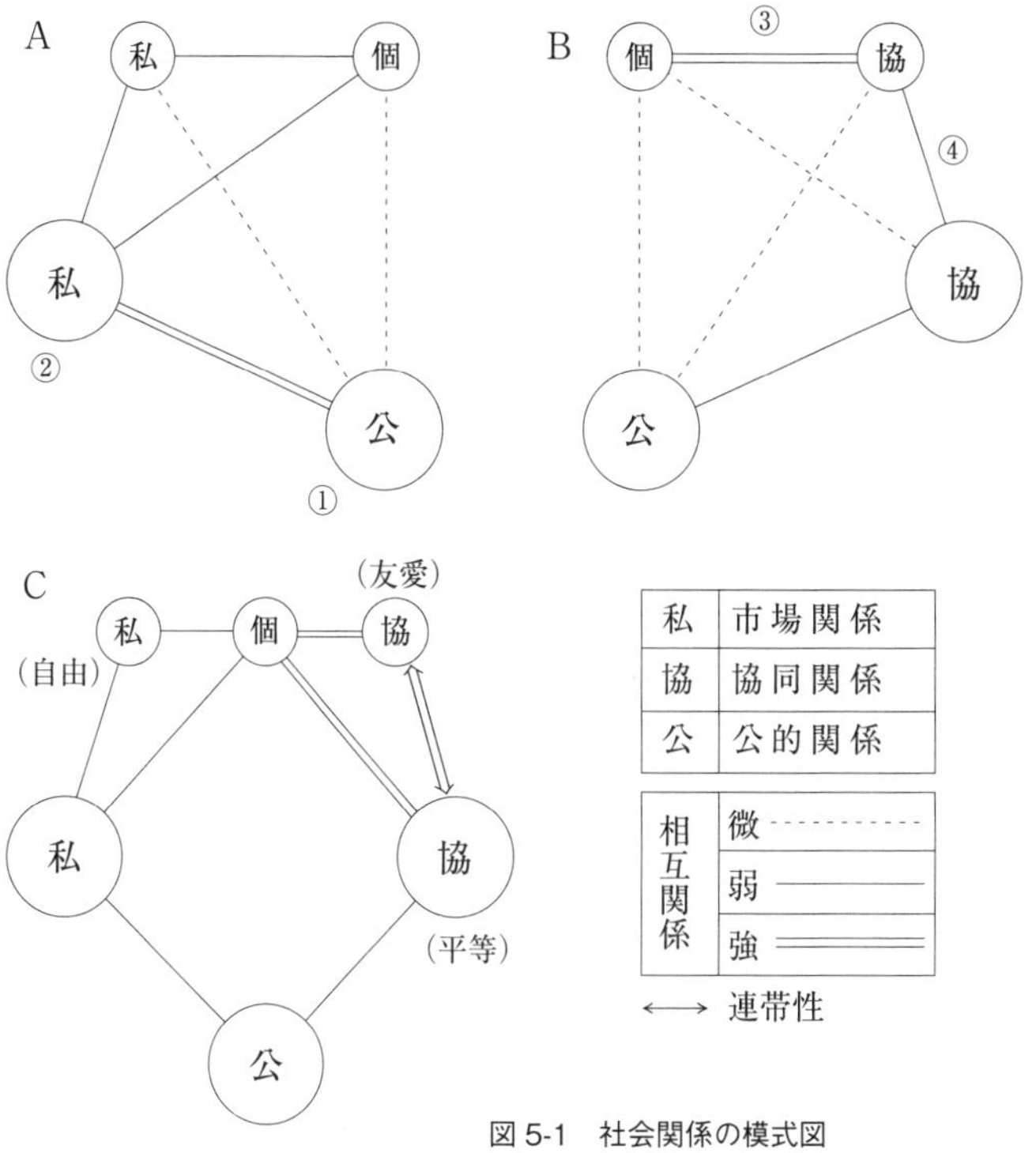

図 5-1　社会関係の模式図

理に大いにうるところであった。ただ、不学で狭い「地域」という概念が働く範囲でしか頭脳がよく動かない私は、今見えている課題をどうするかという程度でしか先に進みえない能力を恥じるばかりである。

が、そうした場にあって、私が日本の社会の錯雑なしくみを、より単純な構図に整理するうえで広井教授の整理は大いに参考になった。それがA・B・Cの三つの図（図5—1）である。図のAは、多分に現状を簡略化したものである。個人の多くは協にかかわることなく、ほとんどは資本・市場を意味する私との関係でくらしを立てている。「自由」がその関係を規定している。それを管理・調整する政府（公）は、本来は資本と個人のどちらにも公正であるべきだが、現実には、資本の側にたいして有利な関係をもつ。したがって、①と②の関係が支配的となる。自由はしばしば自由放任となり、個の自由は制約されがちとなる。個と政のつながりはきわめて弱い。個に近い地方政府は存在しても、実質は政の一部に過ぎない。これらから閉塞社会がもたらされる。

B図は本書の第1部でみられる活動が目指そうとし、あるいはめざす可能性のある関係を示している。個人は友愛をつうじて協同して目的を達する仲間集団（社会的経済）をつくり、身近な政府機関である地方政府に働きかけ、それを公共に転換する。「新しい公共」がそれである。それは国、図では公にたいして相対的に自立しており、社会の関係（資と個のごとき）の公正を保ちうるだけでなく、国のあり方にも影響を与えうる。ここでは③と④の関係が基本となる。

Bが成立すると、全体としてCが現われてくる。友愛に媒介されて、開かれた個がつくる協（社会的経済）が社会の基底として存在する。それは、市場において、資本と自由に競争する一方、公共の強化を図りながら、平等の社会の実現をめざす。こうした仕組みのなかで、政府は資本、公共、個人それぞれに公正に結びつく。それらすべてが主体的に社会を取巻く環境と

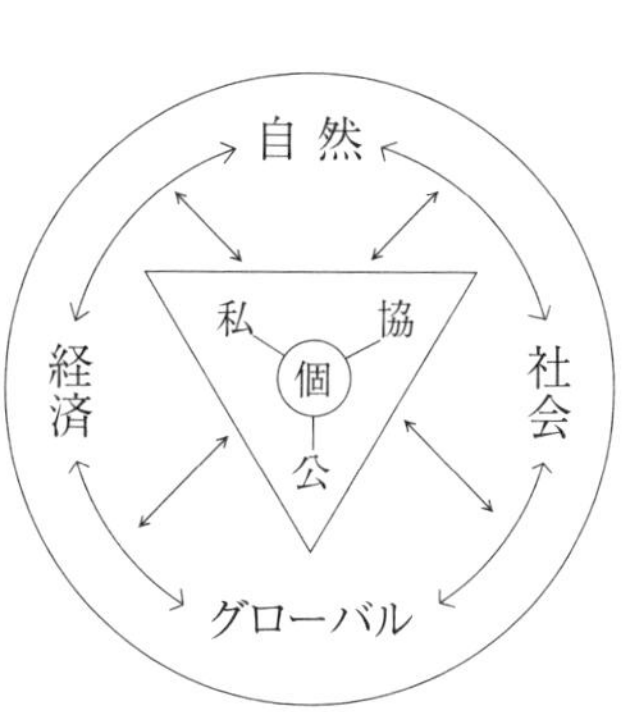

図 5-2　グローバルバランス

なる国際関係や地球・自然資源との間に、持続可能な関係のあり方を追求する。地域文化がその独自性を誇りながら他の地域文化と交流する。巨大な生産力の合理的分配はそれぞれの文化性を深めながらローカルな特性をもつ地方の公共をひとつのグローブ（地球）のなかに並存させる。19世紀とは違った定常社会が現出する。そこでグローバルバランスが成立する（図5—2）。

閉塞社会を定常社会に変革する見通し、図でいえば、AをCに変える展望はまだ明るいとはいえない。その鍵を握っているのは、Bのような個が友愛をつうじて協（社会経済）の活動を強め、さらに新しい公共をつくる③と④の関係である。それはまだ大きいとはいえないが、いたるところで萌芽はある。それらはまだ始まったばかりだし、たまたま私が関わった特異で小さな事例に過ぎないが、詳細に紹介したように、友愛によって強められた仲間集団の活動には根強いものがある。たまたま私個人が関われたということは、こうした活動が意外に広く各地、各分野でも進みつつある状況を推察させる。それらが交流し、連帯してネットワークで結ばれ、相互に学びながら、より大きな成果を積み上げて、友愛が生きいきと拡がっていく社会（それは広井氏が示す「定常型社会」であろう）が見えてくることを期待したい。

しかしその前に、より現実を直視したい。「持続可能な定常型社会」への進展を確信しつつも、なおその前には多くの困難があることも事実である。

現在の日本を端的に表すものとして、グローバル経済がつくりだした失業・不正規就業者の蔓延する「格差・貧困社会」、そして貧困のゆえに家族・知人からまったく孤立し、死すら誰にも知られない「無縁・孤独社会」が、「定常社会」を覆い隠している、まったくの「閉塞社会」である。統計によれば、日本の完全失業者数は330万人を上回るまでになり、全就業者の5％台を維持しつづけている。その定義の異常な厳密さからいって、失業状態に置かれている数はそれをはるかに上回ると見るのが常識である。たまたまこの部分を執筆した日の新聞が掲載していた図をそのまま読めば、非正規就業者は正規就業者を含む全就業者の3分の1、パート、アルバイト、派遣・契約社員など、あわせて1700万人余である。そして、正規就業とはいえ、低賃金と長時間労働で、仕事場とねどこを往復するだけという状態に置かれている層を多く含んでいる。当然話をする友人もいない、時間もない。孤独のなかのストレスは鬱症状を悪化させる。

「孤独死が増えている」との見出しで、『週刊ダイヤモンド』がいくつもの図を掲載した。いくらか古いデータだが、その激増ぶりに驚いた。テレビも幾度となく無縁社会をテーマに放映した。孤独死が高齢者の問題とはいえなくなっている。65歳未満の孤独死が急速に増えている。この後、１００歳以上の戸籍上の生存者とされていた超高齢者の二百数十人が実は死亡、あるいは生死不明というニュースが飛び交い、貧困の中での家族関係の崩壊を強く印象づけた。自殺者はすでにここ数年3万人を越えつづけている。まさに、政策的に加速して強行的につくられたグローバル経済下での格差・貧困が生み出した「閉塞社会」である。

しかし、ちょっと考えてみると、「定常社会」と広井氏が規定したグローバル経済の諸社会現象は、これまでのグローバル経済社会の中でしかまわりがみられず、考えられもしなかった人々からいえば「閉塞社会」そのものである。同じ現象をまったく違った視角で捉えているように思える。今日本の社会がかかえている失業・不正規就業、広がる格差、孤立、貧困が「定常社会」とどう繋がるのか、いや、どう繋げるのか。実現可能な妙案は、今すぐにはない。あるのは直面している困難をともかく一つ一つ解いていくことである。「年末派遣村」の経験はすばらしかった。それは緊急に必要な食と住を短期間だが解決した。そして絆《きずな》の言葉をはやらせた。タイガーマスク現象も広がった。そして、周りの人と話をし、今の状態を少し広く学び理解し、できる行動を起こすきっかけをつくった。そしてそのために必要な政策をいくらかでも早く実施させる働きともなった。不法な解雇を直接糾す運動、労働者派遣法の見直し、後期高齢者保険制度の再検討など、いくつもの話題がいっとき世上にのぼったが、わたしは協同労働法への賛同が増え、実現への歩みが加速されることをもっとも重視したい。資本が若いすぐれた資質を持つ人々の働く場を閉じてしまっている現状の打開は、そのことへの批判抵抗を強めることだが、そのためにも自ら主体的に参加し、自ら主人公として経営に参加し、労働し、成果を分配する組織が広く世に知られ、活動することで、必ずしも資本に頼らなくても成り立つ社会づくりの道を示していくことが、今の閉塞状況を突き破っていく力となっていく。そうした運動の前進が、今ほど必要なときはない。

今、閉塞のなかで、孤立しうつ状態に苦しんでいる若者が多いと聞く。彼等が思い切って仲間を求めて、拡がりつつある仲間が働く場へ飛び込んでいく勇気を期待したい。もしその期待が高くて飛びこめなければ、彼等がヒトとしてもっている感性・感情に頼りながら、自らが浸りきれる趣味・文化の仲間を求めたらどうであろうか。現代は人の感性をいちじるしく抑圧する社会であり、感情・感性を押し殺すことを強制する社会である。しかし人の感性は抑圧できても、ヒトの感性は勝手に動く。だからこそ社会の中ではよりストレスも強いが、同じ感性を共有する仲間内では、そのヒトの生理的自然は容易に許容される。私の親しい友人の子息がひどい「閉じこもり」症におちいった。著名な国立大学に学ぶうち、ちょっとした失敗がきっかけだったという。1年余の苦しみの末に、友人の知り合う精神科医のカウンセリングに重い足を踏み出すことができ、結論的に好きな音楽仲間に加わり、短時間のうちに大学に復帰できたということであった。第2話の職場で行き詰まり、傷心のうちに一人見しらぬ土地へ逃避しようとしていたが、好きな生け花仲間との会話で思い直した女性の話を思い出してほしい。

それでもやはり人付き合いの壁があつい人ならば、農はどうであろうか。自然はやさしいし、自然と向き合いながらくらしを立てている人は、やはりやさしい。自然を介して仲間をつくることには、高い壁はない。アメリカの環境ジャーナリスト、B・マッキベンが書いた『ディープ・エコノミー』（英治出版　2008年　原書の副題は「コミュニティの豊かさと永続する未来」だが、邦訳では「生命を育む経済」）にうつ症と農業についての指摘がある。グローバル経済の進化するアメリカ社会で、うつ症に悩む人が激増している。同時に不振の大規模農業、その結果起こるコミュニティの崩壊の対策として各地で始まっている小規模経営のCSA（地域支援型農業）に、ボランティアで働き、草取りをし、やりがいを感じ、やがて近くのファーマーズマーケットへの生産物運びの役となり、そのなかで人々との会話を回復する実例紹介である（同書第3章「失われた絆のうち」）。この都市型の小規模農業がソ連の崩壊でそれまでの砂糖プランテーション農業が立ち行かなくなり、周辺国から崩壊間もなしとされていた予想を見事回避させたキューバの実際例にも触れている。現代は、危機にある人も国も、もちろん地球環境も永続させる「デープ・エコノミー＝労働多投集約農業」に注目すべきであろう。日本の農業はそのために最もすぐれた蓄積と経験をもっている。農業はただ経済・所得問題だけでなく、基底的なコミュニティ文化をも育み広げてくれるすぐれた地域力を内包している魅力ある分野である。

介護の分野も同じく「定常社会」では「閉塞社会」では見えなかった新たな展望をもってくる。これまでは介護は所得能力のない家族が担い、未熟練の低収益部門、低賃金は当たり前で、失業者の受け入れ分野だという考えにもとづく経済学の視点はもはや完全にいきづまる。人や自然（そしてそのために投入される資金）を大事にして、そこにすぐれた働き手を大量に投入する必要性を強調する「定常社会」では、介護は人の尊厳、生涯の発達を援助するもっとも重要な分野となる。当然それにふさわしい所得も配分されることとなり、さらに介護を学んで人とコミュニティに貢献したいと念願する多くの人材を受け入れることになるにちがいない。

「定常社会」はまた友愛が大きな意味をもつという意味では、「友愛社会」でもあり、また非営利の社会経済組織が重要な役割を果たす社会でもある。労働効率を徹底して追求し、相互の競争を通じて働く人々を差別支配し、その関係を分断する労働ではなく、相互の優位な特性を生かしながら協力しあう協同労働が事業目的を果たす上で重要であり、お互いの信頼がもたらす友愛が大きな意味を持つ。「ひなたぼっこ」グループはその関係をただ事業所内だけでなく、周りの地域コミュニティ・メンバーにまで及ぼし始めている。事業所の中では経理の全面公開、スタッフで決めた同一時間同一賃金の原則を就労するしょうがい者にまで適用し、事業所外ではコミュニティ・メンバーに広く利用を開放するなど、事業参加の機会を広げようとしており、すでに「新しい公共性」の実態を備えた社会的役割を果たしつつある。高級花卉や超趣好性食品など特殊な農産物を除いた普通の農業物の生産分野についても、椛の湖農業小学校グループがつくりだし、さらに広がりつつある農村・都市住民の農業実践が、広範な「食料自給率向上の高い支持世論」を背景に、各地で叢生していくならば、社会性・公共性の議論は一段と高まるにちがいない。

地域のくらしで欠くことのできないエネルギーについてみても、「定常社会」は可能なかぎり地域特性（たとえば環境配慮型のエネルギーの優先消費、低所得者への低料金供給など）を可能とするような太陽、風力など自然・再利用できる資源重視をめざす傾向はつよまるであろう。多様な方法で発電された電力を相互に調整して供給することの可能な技術としてスマートグリッドがすでに実用化されつつあるが、それを巨大電力会社の独占利用に任せるのでなく、地域の公共的利用が実現するしくみとして設置するためには、域内のＰＶ電力生産者の意向が生かせる運営が望まれる。飯田市の事例をみて、公共施設の屋根の利用で先進的役割を果たした自治体がさらに関与を強め、また市内のＰＶ生産者の協同、交流によってつくられる「マイクログリッド」型の電力利用という協同＝友愛関係の強化がもたらす世論のもりあがりで、巨大電力会社の圧倒的独占支配力に部分的な風穴を開けることは、あながち不可能ではないという印象をもつ。ＰＶネットの中部交流会での雑談のなかで、「パネル１枚」運動から始まって、小区域ながらも自立して作り出した電力を民主的に分配して利用するマイクログリッドをつくろうという威勢のいい発言も出た。不可能なことではないと、私も思った。

現代日本の「閉塞社会」が、友愛のアージと連帯の力をもつ「社会経済組織」に主導されながら、「定常社会」に到るという展望は、決して単なる願望ではなく、いわんや決して夢に終わるものでもない。自己の労働の能力を社会のためにもう少し生かしたいと考え、あるいは生かし方が分からず悩む多くの人々が、それぞれの貴重な感性を共にしうる友愛の仲間を探しだして、共に一歩足を踏み出し、社会に訴える小さな活動を起こすことで行動を始め、それまでの視角を変えることから、社会は変わり始める。

あとがき

原稿が本書に仕上がっていく前と後で、私の思いは、大きく変わった。その間に東日本大震災があった。正直にいえば、第1部はつづく第2部の前置きという気持ちがけっこう強かった前とくらべて、今は、これからの社会で欠かせない各分野ので新たな展開を拓くべく、くらしの地域文化に拠りながら、明るく、活きいきと励んでいる人々と、もっと、もっと深くかかわらせていただいて、残る人生を過ごそうという思いが、うんと強まった。それがどんなに些少なものであっても、である。本書の出版を、残るわが人生の新たなスタートとしたい。

本書のなかに実名で紹介させていただいた方々はもちろん、おなじ場で、おなじように輝くように活動されている方々すべてに御礼申しあげたい。取りまとめにあたっても、実に多くの方々のお陰をいただいた。とくに、華原の会の神谷恵子さん、PVネットの三浦悦男さん、飯田市の牛山重一さんにはお礼申しあげたい。そして風媒社と編集長の劉永昇さんには前回に続いて、お世話になった。

最後に、本書を妻実子に捧げたい。私事ながら、彼女はここ数年、加齢による病に加えて、癌に侵されて治療に励んでいるが、以前と同様、まっ直ぐに前を見ながら、時を送っており、まま近にそれを見て、私は元気をもらっている。

八十一歳の誕生の日　蒸暑い八月の名古屋で

[著者略歴]
野原　敏雄（のはら　としお）
1930年　名古屋市に生まれる
1958年　名古屋大学大学院文学研究科（史学地理学課程）修士終了
1970年　中京大学商学部・大学院商学研究科教授（経済地理学担当）
定年退職までの間、学部長、大学院研究科長、大学図書館長など歴任
1987年　文学博士（名古屋大学）
1996年　定年退職、中京大学名誉教授
1995年　地域と協同の研究センター（NPO法人）センター長（2006年まで）
1999年　ポーランド地理学会名誉会員
2011年　NPO法人太陽光発電所ネットワーク副理事長

主要著書
『日本資本主義と地域経済』（大月書店　1977年）
『現代の地域産業』（新評論　1987年）　学位論文
『現代協同組合論』（名古屋大学出版会　1996年）
『天武の夢　はるか』（風媒社　2010年）

装幀／三矢　千穂

友愛と現代社会　持続可能な社会の基底を求めて

2011年10月24日　第1刷発行
（定価はカバーに表示してあります）

著　者　　野原　敏雄
発行者　　山口　　章

発行所　名古屋市中区上前津2-9-14　久野ビル
振替00880-5-5616 電話052-331-0008　風媒社
http://www.fubaisha.com/

乱丁本・落丁本はお取り替えいたします。　＊印刷・製本／モリモト印刷
ISBN978-4-8331-5233-4